高职高专"十三五"规划教材——财会专业

统计学基础习题集

主　编　李　畅　周礼艳
副主编　唐　夏

东南大学出版社
·南京·

内容提要

本书是根据周礼艳、李畅主编的《统计学基础》一书编写而成,共包括9套习题、1套期中测试模拟试题及2套期末测试模拟试题。其中,9套习题分别对应九大项目,即统计概述、统计调查、统计整理、统计指标、时间数列、统计指数、抽样推断、相关分析和回归分析、Excel在统计中的应用。期中测试模拟试题设置在统计指标习题之后,对前4个项目的内容进行总结和复习。2套期末测试模拟试题对9个项目的内容进行了概括和梳理,对重点和难点部分进行着重练习。习题集内容丰富全面,理论与实际紧密结合,难易程度搭配合理,具有较强的实用性。

本书可以作为高职高专经济、管理类专业的辅助教材,也可以作为经济管理工作者和研究人员的参考读物。

图书在版编目(CIP)数据

统计学基础习题集 / 李畅,周礼艳主编. —— 南京:
东南大学出版社,2016.8
 ISBN 978-7-5641-6683-0

Ⅰ.①统… Ⅱ.①李… ②周… Ⅲ.①统计学—高等学校—习题集 Ⅳ.①C8-44

中国版本图书馆 CIP 数据核字(2016)第 197514 号

统计学基础习题集

出版发行:	东南大学出版社
社　　址:	南京市四牌楼2号　邮编:210096
出 版 人:	江建中
责任编辑:	史建农　戴坚敏
网　　址:	http://www.seupress.com
电子邮箱:	press@seupress.com
经　　销:	全国各地新华书店
印　　刷:	南京工大印务有限公司
开　　本:	787mm×1092mm　1/16
印　　张:	7
字　　数:	176 千字
版　　次:	2016年8月第1版
印　　次:	2016年8月第1次印刷
书　　号:	ISBN 978-7-5641-6683-0
印　　数:	1—3000 册
定　　价:	20.00元

本社图书若有印装质量问题,请直接与营销部联系。电话:025 - 83791830

前　言

本书是根据周礼艳、李畅主编的《统计学基础》一书编写而成。本书共包括9套习题、1套期中测试模拟试题及2套期末测试模拟试题。其中,9套习题分别对应九大项目,包含填空题、判断题、单项选择题、多项选择题、简答题和计算题等题型,以便于学生课堂及课后及时巩固所学内容。根据多年的教学经验,本书将期中测试模拟试题设置在项目四之后,目的是对前4个项目的内容进行总结和复习,可以作为期中考试的参考。本书设计了2套期末测试模拟试题,该试题紧贴教材内容,对9个项目的内容进行了概括和梳理,对重点和难点部分进行着重练习,以检验学生的掌握情况。

本书大量习题与实际生活息息相关,旨在提高学生运用所学统计知识分析实际问题、解决实际问题的能力,这些统计知识和能力将在以后的工作中起到重大作用。考虑高职学生的情况,本书大部分习题难度中等偏下,少数习题难度有所加深,学生们可根据自身情况选择性练习,也可在老师的指导下更加全面、充分地掌握统计知识,提高统计水平。

本书由重庆工业职业技术学院李畅、周礼艳担任主编,重庆工业职业技术学院唐夏担任副主编。具体分工如下:李畅负责项目三、项目四、项目五的习题编写;周礼艳负责项目六、项目七、项目八及项目九习题的编写;唐夏负责项目一和项目二习题的编写。全书由李畅负责统稿工作。

在教材编写中,得到了张丽萍、况建军、左斌、李欣欣、杜士新的支持与帮助,在此表示衷心的感谢。由于编者水平有限,书中难免会出现谬误和不妥之处,恳请各位专家、同行和广大读者批评指正,以便进一步修改提高。

编　者

2016年4月

目 录

项目一　统计概述 ··· 1
项目二　统计调查 ··· 7
项目三　统计整理 ··· 13
项目四　统计指标 ··· 20
期中测试模拟试卷 ··· 32
项目五　时间数列 ··· 37
项目六　统计指数 ··· 46
项目七　抽样推断 ··· 53
项目八　相关分析和回归分析 ··· 59
项目九　Excel 在统计中的应用 ··· 68
期末测试模拟试卷（一） ·· 72
期末测试模拟试卷（二） ·· 77
统计学基础习题答案 ··· 82
参考文献 ··· 104

项目一 统计概述

一、填空题

1. 统计学是指描述统计工作＿＿＿＿＿＿和＿＿＿＿＿＿的科学，是对统计工作实践的理论概括和经验总结。
2. 统计工作和统计资料之间是＿＿＿＿＿＿＿＿＿＿的关系，统计学和统计工作之间是＿＿＿＿＿＿＿＿的关系。
3. 统计具有＿＿＿＿＿＿、＿＿＿＿＿＿和＿＿＿＿＿＿三大基本职能。
4. 统计的研究对象是总体现象的＿＿＿＿＿＿方面。统计的研究对象具有＿＿＿＿＿＿、＿＿＿＿＿＿和＿＿＿＿＿＿三大特点。
5. 变量按其取值的连续性可分为＿＿＿＿＿＿和＿＿＿＿＿＿两种。
6. 考察全国人口的情况，全国所有的人为＿＿＿＿＿＿，而每个人就是＿＿＿＿＿＿，每个人都有许多属性和特征，比如民族、性别、文化程度、年龄、身高、体重等，这些都是＿＿＿＿＿＿。
7. 标志按其性质不同可以分为＿＿＿＿＿＿和＿＿＿＿＿＿，性别、民族和文化程度都是＿＿＿＿＿＿，年龄、身高、体重等则是＿＿＿＿＿＿；而指标是说明＿＿＿＿＿＿数量特征的，用以说明全国人口的规模如人口、总数等指标就是＿＿＿＿＿＿，而用以说明全国人口某一方面相对水平的相对量指标和平均量指标如死亡率、出生率等指标就是＿＿＿＿＿＿。
8. 一项完整的统计工作是通过＿＿＿＿＿＿、＿＿＿＿＿＿、＿＿＿＿＿＿、＿＿＿＿＿＿四个阶段来完成的，每个阶段虽然有各自的独立性，但它们又是相互联系的统一过程。
9. 标志是反映＿＿＿＿＿＿的属性和特征，而指标则是反映＿＿＿＿＿＿的数量特征。
10. 统计指标由两项基本要素构成，即指标的＿＿＿＿＿＿和指标的＿＿＿＿＿＿。

二、判断题

1. 反映现象总规模、总水平和工作总量的统计指标称为质量指标。（　　）
2. 标志表现是指各种属性和特征在总体单位的具体体现。（　　）
3. 品质标志说明总体单位的属性特征，质量指标反映现象的相对水平或工作质量，二者都不能用数值表示。（　　）
4. 2015年，中国国内生产总值为676 708亿元，其中，676 708亿元是一个统计指标。（　　）

5. 统计指标体系是由一系列相互联系的统计指标所组成的有机整体。（　）
6. 社会经济统计的研究对象是社会经济现象总体的各个方面。（　）
7. 个人的工资水平和全部职工的工资水平，都可以称为统计指标。（　）
8. 品质标志表明单位属性方面的特征，其标志表现只能用文字表现，所以品质标志不能直接转化为统计指标。（　）
9. 某职工的文化程度在标志的分类上属于品质标志，职工的平均工资在指标的分类上属于质量指标。（　）
10. 数量指标的表现形式是绝对数，而质量指标的表现形式是相对数和平均数。（　）

三、单项选择题

1. 统计学是一门收集、整理和分析统计数据的（　）
   A. 方法论科学　　　　　　　　　B. 实质性科学
   C. 实证科学　　　　　　　　　　D. 调查性科学
2. 统计学的研究对象是（　）
   A. 抽象的数量关系
   B. 总体现象的数量特征和数量关系的方法论科学
   C. 社会经济现象的规律性
   D. 社会经济现象的数量方面
3. 某城市进行工业企业未安装设备普查，个体是（　）
   A. 工业企业全部未安装设备
   B. 工业企业每一台未安装设备
   C. 每个工业企业的未安装设备
   D. 每一个工业企业
4. 以产品的等级来衡量某种产品的质量好坏，则该产品等级是（　）
   A. 数量标志　　　　　　　　　　B. 品质标志
   C. 数量指标　　　　　　　　　　D. 质量指标
5. 几位学生的某门课成绩分别是 65 分、78 分、85 分、94 分，则"成绩"是（　）
   A. 品质标志　　　　　　　　　　B. 数量标志
   C. 标志值　　　　　　　　　　　D. 数量指标
6. 指标是说明总体特征的，标志是说明总体单位特征的，则（　）
   A. 标志和指标之间的关系是固定不变的
   B. 标志和指标之间的关系是可以变化的
   C. 标志和指标都是可以用数值表示的
   D. 只有指标才可以用数值表示
7. 在全国人口普查中（　）
   A. 女性是品质标志　　　　　　　B. 人的年龄是变量
   C. 人口的平均寿命是数量标志　　D. 全国人口是统计指标
8. 统计指标按所反映的数量特点不同可以分为数量指标和质量指标两种。其中数量指标的表现形式是（　）

A. 绝对数 B. 相对数
C. 平均数 D. 百分数

9. 社会经济统计的研究对象是 （ ）
A. 抽象的数量特征和数量关系
B. 社会经济现象的规律性
C. 社会经济现象的数量特征和数量关系
D. 社会经济统计认识过程的规律和方法

10. 构成统计总体的个别事物称为 （ ）
A. 调查单位 B. 标志值
C. 品质标志 D. 总体单位

11. 要了解80名学生的学习情况,则总体单位是 （ ）
A. 80名学生 B. 每一名学生
C. 80名学生的成绩 D. 每一名学生的成绩

12. 研究者想要了解重庆市全民所有制工业企业的设备情况,则总体是 （ ）
A. 重庆市全民所有制的全部工业企业
B. 重庆市全民所有制的每一个工业企业
C. 重庆市全民所有制工业企业的某一台设备
D. 重庆市全民所有制工业企业的全部设备

13. 对重庆市高等学校科研所进行调查,统计总体是 （ ）
A. 重庆市所有的高等学校 B. 某一高等学校科研所
C. 某一高等学校 D. 重庆市所有高等学校科研所

14. 标志是指 （ ）
A. 反映总体单位特征的名称
B. 总体单位数量特征
C. 标志名称之后所表明的属性或数值
D. 总体单位所具有的特征

15. 某企业的设备台数、产品产值是 （ ）
A. 连续型变量 B. 离散型变量
C. 前者是连续型变量 D. 前者是离散型变量

四、多项选择题

1. 统计研究运用了各种专门的方法,包括 （ ）
A. 大量观察法 B. 统计分组法
C. 综合指标法 D. 信息系统法
E. 归纳推断法

2. 下列指标中属于质量指标的有 （ ）
A. 优质品产量 B. 单位产品成本
C. 劳动生产率 D. 发展速度
E. 废品率

3. 下列变量中属于离散变量的有 （　）
A. 机床台数　　　　　　　　　　B. 学生人数
C. 耕地面积　　　　　　　　　　D. 粮食产量
E. 汽车产量

4. 下列按数量标志分组的有 （　）
A. 企业按所有制分组　　　　　　B. 家庭按人口多少分组
C. 家庭按收入水平分组　　　　　D. 产品按合格与不合格分组
E. 职工按工资水平分组

5. 统计学研究对象的特点可以概括为 （　）
A. 数量性　　　　　　　　　　　B. 具体性
C. 总体性　　　　　　　　　　　D. 社会性
E. 广泛性

6. 下列各项中,属于连续变量的有 （　）
A. 产值　　　　　　　　　　　　B. 国内生产总值
C. 就业人口数　　　　　　　　　D. 岛屿个数

7. 下列各项中,属于统计指标的有 （　）
A. 某年全国人均国内生产总值　　B. 某台设备使用年限
C. 某市年供水量　　　　　　　　D. 某地区原煤生产量

8. 下列统计指标中,属于质量指标的有 （　）
A. 工资总额　　　　　　　　　　B. 单位产品成本
C. 出勤人数　　　　　　　　　　D. 人口密度
E. 合格品率

9. 下列各项中属于品质标志的有 （　）
A. 性别　　　B. 年龄　　　C. 职业　　　D. 民族
E. 工资

10. 在工业普查中 （　）
A. 工业企业总数是统计总体　　　B. 每一个工业企业是总体单位
C. 固定资产总额是统计指标　　　D. 设备台数是连续变量

11. 要了解某地区的就业情况 （　）
A. 全部成年人是研究的总体　　　B. 成年人口总数是统计指标
C. 成年人口就业率是统计标志　　D. 反映每个人特征的职业是数量指标
E. 某人职业是教师是标志表现

12. 统计研究运用的方法包括 （　）
A. 大量观察法　　　　　　　　　B. 统计分组法
C. 综合指标法　　　　　　　　　D. 因素分析法
E. 访问法

13. 总体的特点可概括为 （　）
A. 大量性　　　　　　　　　　　B. 数量性
C. 具体性　　　　　　　　　　　D. 同质性

E. 差异性
14. 国家统计系统的功能或统计的职能有 （　　）
A. 信息职能　　　　　　　　　　B. 咨询职能
C. 监督职能　　　　　　　　　　D. 决策职能
E. 协调职能
15. 在全国人口普查中 （　　）
A. 全国人口总数是总体　　　　　B. 男性是品质标志表现
C. 人的年龄是变量　　　　　　　D. 每一户是总体单位
E. 人口的平均年龄是统计指标

五、简答题

1. 统计的三种含义是什么？它们之间有何联系？

2. 举例说明总体和总体单位的概念。

3. 简述品质标志与数量标志的区别。

4. 简述标志与指标的区别与联系。

项目二 统计调查

一、填空题

1. 在统计调查的某项调查中登记其具体特征的单位,称为_____,即调查项目的承担者。
2. 抽样调查是按照_____,从总体中抽取一部分单位进行观察,并根据这一部分单位的调查资料,从_____推断总体指标的一种非全面调查。
3. 在统计调查中,一张调查表上只登记一个调查单位的表格,称为_____;一张调查表上登记若干个调查单位的表格,称为_____。
4. _____是按照国家有关法规规定,自上而下统一布置、自下而上逐级填报的一种调查组织方式。
5. 普查是专门组织的_____。
6. 对某省饮食业从业人员的健康状况进行调查,调查对象是该省饮食业的_____,调查单位是该省饮食业的_____。
7. 通过调查鞍钢、武钢等几个大钢铁基地,了解我国钢铁生产的基本状况。这种调查方式是_____。
8. 在生产过程中,对产品的质量检查和控制应该采用_____。
9. 调查时间是指_____所属的时间。
10. _____是从全部总体单位中选择少数重点单位进行调查。

二、判断题

1. 经常性调查是调查时期现象,而一次性调查是调查时点现象。( )
2. 在统计调查中,调查标志的承担者是调查单位。( )
3. 对重庆市某地区银行职工基本情况进行调查时,银行的每个职工是调查对象。( )
4. 统计调查按登记事物的连续性不同可以分为经常调查和一次性调查。( )
5. 制定调查方案的首要问题是确定调查对象。( )
6. 在统计调查中,调查单位和报告单位有时是一致的。( )
7. 我国的人口普查每10年进行一次,因此,它是一种经常性调查方式。( )
8. 全面调查是对调查对象的各方面都进行调查。( )
9. 抽样调查是非全面调查中最有科学根据的方式方法,因此,它适用于完成任何调查任务。( )
10. 重点调查中,重点单位是根据人们的主观意识来选取的。( )

三、单项选择题

1. 全面调查是对构成调查对象的所有单位进行逐一的调查，因此，下述调查中属于全面调查的是 （　　）
   A. 就全国钢铁生产中的重点单位进行调查
   B. 对全国的人口进行普查
   C. 到某棉花生产地了解棉花收购情况
   D. 抽选一部分单位对已有的资料进行复查

2. 按调查登记的时间是否连续，统计调查可分为连续调查和不连续调查。下述调查中属于连续调查的是 （　　）
   A. 每隔10年进行一次人口普查
   B. 对2006年大学毕业生分配状况的调查
   C. 对近年来物价变动情况进行一次摸底调查
   D. 按旬上报钢铁生产量

3. 我国的统计报表 （　　）
   A. 都是全面统计报表   B. 目前大多是全面统计报表
   C. 目前大多是非全面统计报表   D. 只有个别单位填报

4. 下列属于专门调查的是 （　　）
   A. 普查   B. 非全面调查
   C. 全面调查   D. 专业统计报表

5. 下列属一次性调查的是 （　　）
   A. 全国实有耕地面积   B. 职工家庭收入与支出的变化
   C. 商品购销季节变化   D. 单位产品成本变动

6. 按照随机原则抽取调查单位的调查方式是 （　　）
   A. 普查   B. 抽样调查
   C. 重点调查   D. 统计报表

7. 某市工业企业2015年生产经营成果年报呈报时间规定在2016年1月31日，则调查期限为 （　　）
   A. 一日   B. 一个月
   C. 一年   D. 一年零一个月

8. 为了掌握某地区石灰生产的质量情况，该地区相关部门拟对占该地区石灰总产量80%的五个大型石灰厂生产情况进行调查，这种调查方式属于 （　　）
   A. 普查   B. 典型调查
   C. 抽样调查   D. 重点调查

9. 在对总体现象进行分析的基础上，有意识地选取若干有代表性的调查单位进行调查，这种调查方式是 （　　）
   A. 普查   B. 典型调查
   C. 抽样调查   D. 重点调查

10. 调查时间是指 （　　）

A. 进行调查工作的期限　　　　　　B. 调查资料所属的时间
C. 调查工作登记的时间　　　　　　D. 调查资料的报送时间

11. 对某市自行车进行普查,调查对象是　　　　　　　　　　　　　　　(　　)
A. 所有自行车车主　　　　　　　　B. 每一个自行车车主
C. 所有自行车　　　　　　　　　　D. 每一辆自行车

12. 统计报表按填报部门不同,可以分为　　　　　　　　　　　　　　(　　)
A. 基层报表和综合报表　　　　　　B. 电讯报表和书面报表
C. 定期报表和年报　　　　　　　　D. 基本报表和专业统计报表

13. 抽样调查与重点调查的主要区别是　　　　　　　　　　　　　　　(　　)
A. 作用不同　　　　　　　　　　　B. 组织方式不同
C. 灵活程度不同　　　　　　　　　D. 选取调查单位的方法不同

14. 为了获取最新受经济危机冲击情况,调查人员专门选取浙江、江苏两省,深入当地了解外贸企业受经济危机影响的严重程度,这种调查方式是　　　　　　　　(　　)
A. 普查　　　　　　　　　　　　　B. 典型调查
C. 抽样调查　　　　　　　　　　　D. 重点调查

15. 人口普查的调查单位是　　　　　　　　　　　　　　　　　　　　(　　)
A. 每一户　　　　　　　　　　　　B. 所有的户
C. 每一个人　　　　　　　　　　　D. 所有的人

四、多项选择题

1. 统计调查按搜集资料方法的不同,主要分为　　　　　　　　　　　(　　)
A. 全面调查　　　　　　　　　　　B. 非全面调查
C. 直接观察法　　　　　　　　　　D. 报告法
E. 采访法

2. 统计调查的基本要求是　　　　　　　　　　　　　　　　　　　　(　　)
A. 准确性　　　　　　　　　　　　B. 及时性
C. 多样性　　　　　　　　　　　　D. 合理性
E. 完整性

3. 组织普查必须要遵守的原则有　　　　　　　　　　　　　　　　　(　　)
A. 必须统一调查资料所属的标准时点
B. 调查项目一经确定,不能任意改变或增减,以免影响汇总综合,降低资料质量
C. 正确选择普查时间
D. 在普查范围内的调查单位或调查点尽可能同时进行
E. 选择范围应尽可能广泛

4. 要了解某校学生的自习时间安排情况,则每一位同学是　　　　　　(　　)
A. 填报单位　　　　　　　　　　　B. 调查单位
C. 调查对象　　　　　　　　　　　D. 总体单位
E. 调查项目的承担者

5. 我国第五次人口普查的标准时间是 2000 年 11 月 1 日零时,下列情况应统计人口数的

是 (　　)
   A. 2000年11月2日出生的婴儿　　B. 2000年10月31日出生的婴儿
   C. 2000年10月30日晚死亡的人　　D. 2000年11月1日1时死亡的人
   E. 2000年10月31日出生,11月1日6时死亡的婴儿
6. 统计调查方案包括的内容主要有 (　　)
   A. 确定调查目的　　B. 确定调查对象和调查单位
   C. 确定调查项目和调查表　　D. 确定调查时间及调查期限和地点
   E. 制定调查的组织实施计划
7. 在某企业设备调查中 (　　)
   A. 某企业是调查对象　　B. 每台设备是填报单位
   C. 每台设备是调查单位　　D. 某企业是填报单位
8. 下列有关抽样调查的描述,正确的是 (　　)
   A. 是一种非全面调查　　B. 按随机原则抽取调查单位
   C. 抽样误差可以计算或控制　　D. 是一种定期进行的调查
   E. 可推断总体
9. 下列调查方法中,属于直接搜集第一手统计资料的方法的有 (　　)
   A. 直接观察法　　B. 询问法
   C. 实验法　　D. 报告法
   E. 文献法
10. 统计报表是一种 (　　)
    A. 全面调查　　B. 经常性调查
    C. 一次性调查　　D. 快速调查方法
11. 非全面调查是仅对一部分调查单位进行调查的调查种类,下列各项中属于非全面调查的有 (　　)
    A. 重点调查　　B. 抽样调查
    C. 典型调查　　D. 全面统计报表
    E. 定期调查
12. 制定一个周密的统计调查方案,应包括的内容有 (　　)
    A. 确定调查目的　　B. 确定调查对象
    C. 确定标志性质　　D. 确定资料的使用范围
    E. 确定调查项目
13. 通过调查鞍钢、首钢、宝钢等几个大钢铁基地来了解我国钢铁的基本状况,这种调查属于 (　　)
    A. 典型调查　　B. 重点调查
    C. 抽样调查　　D. 普查
    E. 非全面调查
14. 重点调查是一种 (　　)
    A. 统计报表制度
    B. 非全面调查

C. 就重点单位进行的调查
D. 可用于经常性调查也可用于一次性调查的调查方法
E. 能够大致反映总体基本情况的调查方法

15. 抽样调查的特点包括 （   ）

A. 是一种非全面调查
B. 按照随机原则抽选调查单位
C. 根据样本的资料推断总体的数值
D. 是一种定期进行的调查
E. 与典型调查相似

五、简答题

1. 简述统计调查的作用。

2. 简述普查和全面调查的异同。

3. 统计调查方案主要包括哪些内容？

4. 设计调查问卷时要注意哪些问题？

项目三 统计整理

一、填空题

1. 统计整理在统计工作中起＿＿＿＿＿＿的作用,它既是＿＿＿＿＿＿的继续,又是＿＿＿＿＿＿的基础和前提。
2. 统计汇总的技术有＿＿＿＿＿＿和＿＿＿＿＿＿。
3. 统计分组的关键在于＿＿＿＿＿＿。
4. 根据分组标志的不同,统计总体可以按＿＿＿＿＿＿分组,也可以按＿＿＿＿＿＿分组。
5. 变量数列按数量标志的变动范围和总体单位数多少不同分为＿＿＿＿＿＿变量数列和＿＿＿＿＿＿变量数列。
6. 如果分组标志是连续型变量,组限一般用＿＿＿＿＿＿式表达;如果分组标志是离散型变量,组限一般用＿＿＿＿＿＿式表达。
7. 某等距数列,开口组的上限为40,相邻组组距是8,则其假定下限为＿＿＿＿＿＿,组中值为＿＿＿＿＿＿。
8. 某等距数列,开口组下限为30,相邻组组距是5,则其假定上限为＿＿＿＿＿＿,组中值为＿＿＿＿＿＿。
9. 分配数列是由＿＿＿＿＿＿及＿＿＿＿＿＿两个要素构成。
10. 统计资料的整理结果,通常用＿＿＿＿＿＿和＿＿＿＿＿＿两种形式来表示。

二、判断题

1. 无论是离散变量还是连续变量都可以编制单项数列。（　）
2. 凡是将总体按某个标志分组所形成的数列都是变量数列。（　）
3. 区分简单分组和复合分组的根据是采用分组标志的多少不同。（　）
4. 进行组距分组时,当标志值正好等于相邻两组的上下限值时,一般将此标志值归为作为上限的一组。（　）
5. 对原始资料的审核包括准确性、及时性和完整性三个方面的内容。（　）
6. 连续型变量和离散型变量在进行组距式分组时,均可采用相邻组组距重叠的方法确定组限。（　）
7. 按数量标志分组形成的分配数列和按品质标志分组形成的分配数列,都可称为次数分布。（　）

8. 某公司将员工按文化程度分组而形成的数列是一个单项式分布数列。（   ）
9. 在统计表中,无法取得的资料用"—"表示。（   ）
10. 人口按年龄分组是品质标志分组。（   ）

三、单项选择题

1. 统计整理的主要对象是（   ）
   A. 次级资料　　　　　　　　　　B. 原始资料
   C. 分析资料　　　　　　　　　　D. 技术参考资料
2. 下面属于按品质标志分组的有（   ）
   A. 企业按职工人数分组　　　　　B. 企业按工业总产值分组
   C. 企业按经济类型分组　　　　　D. 企业按资金占用额分组
3. 下面属于按数量标志分组的有（   ）
   A. 工人按政治面貌分组　　　　　B. 工人按年龄分组
   C. 工人按性质分组　　　　　　　D. 工人按民族分组
4. 变量数列中各组频率（以百分数表示）的总和应该（   ）
   A. 大于 100%　　　　　　　　　B. 小于 100%
   C. 不等于 100%　　　　　　　　D. 等于 100%
5. 组距变量数列的全距等于（   ）
   A. 最大组的上限与最小组的上限之差　　B. 最大组的下限与最小组的下限之差
   C. 最大组的下限与最小组的上限之差　　D. 最大组的上限与最小组的下限之差
6. 对于越高越好的现象按连续型变量分组,如第一组为 75 以下,第二组为 75～85,第三组为 85～95,第四组为 95 以上,则数据（   ）
   A. 85 在第三组　　　　　　　　　B. 75 在第一组
   C. 95 在第三组　　　　　　　　　D. 85 在第二组
7. 将企业按资产总额分组,使用的分组形式为（   ）
   A. 单项式分组
   B. 组距式分组
   C. 既可以是单项式分组,又可以是组距式分组
   D. 以上均不对
8. 组距和组数是组距数列中的一对基本要素,当变量的全距一定时,组距和组数（   ）
   A. 没有关系　　　　　　　　　　B. 关系不确定
   C. 有正向关系　　　　　　　　　D. 有反向关系
9. 按连续型变量分组,其末组为开口组,下限为 2 000。已知相邻组的组中值为 1 750,则末组组中值为（   ）
   A. 2 500　　　B. 2 250　　　C. 2 100　　　D. 2 200
10. 在组距数列中,对各组的上限与下限进行简单平均,得到的是（   ）
    A. 组中值　　　B. 组平均数　　　C. 组距　　　D. 组数
11. 按某一标志分组的结果就表现为（   ）
    A. 组内差异性、组间同质性　　　B. 组内同质性、组间同质性

C. 组内同质性、组间差异性　　　　　D. 组内差异性、组间差异性

12. 简单分组与复合分组的区别在于　　　　　　　　　　　　　　　　　　　（　　）
   A. 总体的复杂程度不同　　　　　　　B. 组数多少不同
   C. 选择分组标志的性质不同　　　　　D. 选择的分组标志的数量不同

13. 累计次数或累计频率中的"向上累计"是指　　　　　　　　　　　　　　（　　）
   A. 将各组变量值由小到大依次相加
   B. 将各组次数或频率由小到大依次相加
   C. 将各组次数或频率从变量值最低的一组向最高的一组依次相加
   D. 将各组次数或频率从变量值最高的一组向最低的一组依次相加

14. 有20个工人看管机器台数资料如下：2,5,4,4,3,4,3,4,4,2,2,4,3,4,6,3,4,5,2,4。
   如按以上资料编制分配数列，应采用　　　　　　　　　　　　　　　　　（　　）
   A. 单项式分组　　　　　　　　　　　B. 等距分组
   C. 不等距分组　　　　　　　　　　　D. 以上几种分组均可以

15. 将某地区30个商店按零售额多少分组而编制的分配数列，其变量值是　（　　）
   A. 零售额　　　　　　　　　　　　　B. 商店数
   C. 各组的零售额　　　　　　　　　　D. 各组的商店数

四、多项选择题

1. 统计分组的作用在于　　　　　　　　　　　　　　　　　　　　　　　　（　　）
   A. 区分现象的类型　　　　　　　　　B. 反映现象总体的内部结构变化
   C. 比较现象间的一般水平　　　　　　D. 分析现象的变化关系
   E. 研究现象之间数量的依存关系

2. 统计整理的内容包括　　　　　　　　　　　　　　　　　　　　　　　　（　　）
   A. 对原始资料进行审核与检查　　　　B. 对各项指标进行分组综合汇总
   C. 编制统计表与分析表　　　　　　　D. 对统计资料进行系统积累
   E. 与上期资料进行对比，分析发展变化情况

3. 下列分组属于品质标志分组的有　　　　　　　　　　　　　　　　　　　（　　）
   A. 按工资分组　　　　　　　　　　　B. 按职业分组
   C. 按产业分组　　　　　　　　　　　D. 按地区分组
   E. 按人均收入分组

4. 下列分组属于数量标志分组的有　　　　　　　　　　　　　　　　　　　（　　）
   A. 按工龄分组　　　　　　　　　　　B. 按性别分组
   C. 按工种分组　　　　　　　　　　　D. 按人数分组
   E. 按平均工资分组

5. 下列分组是按品质标志分组的有　　　　　　　　　　　　　　　　　　　（　　）
   A. 企业按所有制分组　　　　　　　　B. 家庭按人口多少分组
   C. 家庭按收入水平分组　　　　　　　D. 产品按合格与不合格分组
   E. 职工按工资水平分组

6. 构成频数分布表的基本要素是　　　　　　　　　　　　　　　　　　　　（　　）

A. 各组的组别 B. 组限
C. 组中值 D. 分配在各组的次数
E. 组距

7. 统计整理的基本方法包括 （ ）

A. 分组 B. 汇总
C. 编制统计图表 D. 计算机录入
E. 计算指标值

8. 次数分布数列根据分组标志的特征不同,可以分为 （ ）

A. 单项变量数列 B. 组距变量数列
C. 异距变量数列 D. 变量数列
E. 品质数列

9. 下表表示的分布数列的类型是 （ ）

按劳动生产率分组（件/人）	职工人数
60～70	5
70～80	10
80～100	35
合　　计	50

A. 品质数列 B. 变量数列
C. 组距数列 D. 不等距数列
E. 等距数列

10. 在次数分配数列中 （ ）

A. 总次数一定,频数和频率成反比
B. 各组的频数之和等于100
C. 各组频率大于0,频率之和等于1
D. 频数越小,则该组的标志值所起的作用越小
E. 频率又称为次数

11. 组中值的计算公式为 （ ）

A. 组中值＝(上限＋下限)÷2
B. 组中值＝上限＋下限÷2
C. 组中值＝下限÷2＋下限
D. 组中值＝下限＋(上限－下限)÷2
E. 组中值＝上限－(上限－下限)÷2

12. 在某厂工人按日产量(件)分组的变量数列中,下面正确的说法有 （ ）

A. "日产量"是分组的数量标志
B. 各组工人的日产量数值是变量值或标志值
C. 各组的工人数是次数或频数
D. 各组工人数的比重是频率

E. 分组变量是离散变量

13. 某单位 100 名职工按工资额分为 3 000 元以下、3 000～4 000 元、4 000～6 000 元、6 000～8 000 元、8 000 元以上五个组。这一分组　　　　　　　　　　　　　（　　）

　　A. 是等距分组　　　　　　　　　　　B. 分组标志是连续变量
　　C. 末组组中值为 8 000 元　　　　　　D. 相邻的组限是重叠的
　　E. 某职工工资 6 000 元，应计在 6 000～8 000 元组内

14. 在次数分配数列中　　　　　　　　　　　　　　　　　　　　　　　　　（　　）

　　A. 各组的频数之和等于 100％
　　B. 各组频率大于 0
　　C. 频数越小，则该组的标志值所起的作用越小
　　D. 总次数一定，频数和频率成反比
　　E. 频率表明各组标志值对总体的相对作用程度

15. 统计表从构成形式上看，一般包括　　　　　　　　　　　　　　　　　　（　　）

　　A. 总标题　　　　　　　　　　　　　　B. 横行标题
　　C. 纵栏标题　　　　　　　　　　　　　D. 数字资料
　　E. 调查单位

五、简答题

1. 简述统计资料整理的步骤。

2. 什么是分组标志？如何选择分组标志？

3. 简述变量数列的编制步骤。

六、计算题

1. 某电脑公司上月的销售额如下表：

60	60	62	65	66	65	67	70	71
72	73	74	75	76	76	76	76	77
78	78	79	79	80	82	83	84	84
86	87	88	89	89	90	91	92	92

根据上述资料进行适当分组，并编制频数分布表，要求写出具体的解题过程。

2. 某班 40 名学生统计学考试成绩分别为：
66　89　88　84　86　87　75　73　72　68　75　82　97　58　81　54　79　76　95　76
71　60　90　65　76　72　76　85　89　92　64　57　83　81　78　77　72　61　70　81
（学校规定：60 分以下为不及格，60～70 为及格，70～80 分为中，80～90 分为良，90～100 分为优）

要求：(1) 将该班学生分为不及格、及格、中、良、优五组，编制一张次数分配表。
(2) 指出分组标志及类型、分组方法的类型，分析本班学生考试情况。

3. 某企业 50 名职工的日产量资料如下：

113　125　78　115　84　135　97　105　110　130
105　85　88　102　101　103　107　118　103　87
116　67　106　63　115　85　121　97　117　107
 94　115　105　145　103　97　120　130　125　127
122　88　98　131　112　94　96　115　145　143

试根据上述资料，将 50 名职工的工资编制成等距数列，列出累计频数和累计频率。

4. 有 27 个工人看管机器台数如下：

5　4　2　4　3　4　3　4　4
2　4　3　4　3　2　6　4　4
2　2　3　4　5　3　2　4　3

试编制分布数列。

项目四 统计指标

一、填空题

1. 总量指标按其反映的时间状况不同可分为_____和_____。
2. 计算和运用相对指标时必须注意分子与分母的_____。
3. 相对指标采用_____和_____两种表现形式。
4. 国民收入消费额和累计额的比例为 5∶2，这是_____相对指标。
5. 某企业计划规定单位产品成本降低 2%，实际降低 7%，则其单位成本降低计划完成程度为_____。
6. 平均指标可以反映现象总体中各变量值分布的_____。
7. 由相对数或平均数计算平均数时，如果掌握了基本公式的分母资料，应采用_____；如果掌握了基本公式的分子资料，应采用_____。
8. _____是指一组数据中出现次数最多的变量值，_____是位于变量数列中间位置的那个标志值。
9. 加权算术平均数受两个重要因素的影响：一个是_____，另一个是各组变量值出现的_____。
10. 常用的标志变异指标有_____、_____、_____、_____。

二、判断题

1. 对于一个特定研究总体而言，总体单位总量和总体标志总量可以有若干个。（　　）
2. 时期指标数值的大小和时间长短有直接关系。（　　）
3. 某企业职工人数为 900 人，该指标为总体单位总量。（　　）
4. 人数、吨公里、米、台时、亿元为实物单位。（　　）
5. 总体单位总量指标不能转变为总体标志总量指标。（　　）
6. 职工人数是时点指标，人均工资是时期指标。（　　）
7. 属于同一总体内部之比的相对指标有比较相对指标、结构相对指标、比例相对指标。（　　）
8. 结构相对指标在分组的基础上计算，分子分母可以交换位置。（　　）
9. 某企业生产某种产品单位成本计划在去年的基础上降低 5%，实际降低 4%，则成本降低计划超额 1%完成。（　　）
10. 计划完成相对数的数值大于 100%，就说明完成并超额完成了计划。（　　）

11. 平均指标代表了总体各单位某数量标志的一般水平,它抵消了标志数值的差异。
 (   )
12. 简单算术平均数与加权算术平均数计算上的区别在于变量值出现的次数即权数的不同。 (   )
13. 加权算术平均数的大小受两个因素的影响,一是受变量值大小的影响,二是受权数的影响。 (   )
14. 只掌握各组的标志值和各组的标志总量,则用调和平均数的方法计算平均指标。
 (   )
15. 数量指标一般用相对数的形式来表示。 (   )
16. 中位数、众数、算术平均数和调和平均数都受到极值的影响。 (   )
17. 中位数和众数的数值的大小受到总体内各单位标志值大小的影响。 (   )
18. 标志变异指标能衡量平均指标对总体单位某个标志的代表性程度。平均差能够综合反映总体中各单位标志值的离散程度。 (   )
19. 标准差愈大说明标志变动程度愈大,因而平均数代表性愈大。 (   )
20. 标志变异指标越大,说明数据分布越集中。 (   )

三、单项选择题

1. 总量指标 (   )
   A. 能从无限总体中计算出来
   B. 数值大小与总体的范围无关
   C. 与数学中的绝对数是一个概念
   D. 反映一定时间、地点、条件下某种经济现象的总规模或总水平
2. 2007 年国内生产总值为 246 619 亿元;2002 年全国金融、保险业增加值为 5 948.9 亿元;2003 年全社会固定资产投资总额为 55 566.61 亿元;2003 年全国城乡居民人民币储蓄存款余额 103 617.7 亿元。以上总量指标依次为 (   )
   A. 时期指标、时点指标、时点指标、时期指标
   B. 时期指标、时期指标、时点指标、时点指标
   C. 时期指标、时期指标、时期指标、时点指标
   D. 时点指标、时期指标、时点指标、时期指标
3. 反映同一总体在不同时间上的数量对比关系的是 (   )
   A. 计划完成程度相对指标   B. 比较相对指标
   C. 动态相对指标   D. 比例相对指标
4. 下列属于结构相对数的是 (   )
   A. 产品合格率   B. 人均粮食产量
   C. 轻、重工业之分   D. 中国与美国的钢产量之比
5. 下列属于比例相对指标的是 (   )
   A. 产品合格率
   B. 净产值占总产值的比重
   C. 第一产业、第二产业、第三产业的比例关系

D. 中国与美国的钢产量之比

6. 某企业计划规定单位产品成本降低2%,实际降低7%,则其单位成本降低计划完成程度为 ( )
   A. 102.3%　　　B. 94%　　　C. 140%　　　D. 94.9%

7. 假设计划任务数是五年计划中规定最后一年应达到的水平,计算计划完成程度相对指标可采用 ( )
   A. 累计法　　　　　　　　B. 水平法
   C. 简单平均法　　　　　　D. 加权平均法

8. 某建设施工队盖一栋大楼,计划320天完成,实际290天就完成了,若求计划完成程度,则下列选项正确的是 ( )
   A. 计划完成程度为90.63%,没完成计划
   B. 计划完成程度为90.63%,超额9.37%完成了计划
   C. 计划完成程度为110.34%,完成了计划
   D. 计划完成程度为110.34%,超额10.34%完成了计划

9. 天津地区每百人手机拥有量为109部,这个指标是 ( )
   A. 比例相对指标　　　　　B. 比较相对指标
   C. 结构相对指标　　　　　D. 强度相对指标

10. 某地区的人口中,男性占比52%,女性占比48%,这个指标是 ( )
    A. 比例相对指标　　　　　B. 比较相对指标
    C. 结构相对指标　　　　　D. 强度相对指标

11. 某服装厂2015年三季度共加工了三批服装,第一批产品废品率为1%,第二批产品废品率为1.5%,第三批产品废品率为2%,第一批产品数量占总数的25%,第二批产品数量占总数的30%,则平均废品率为 ( )
    A. 1.5%　　　B. 4%　　　C. 4.5%　　　D. 1.6%

12. 若单项数列的所有标志值都增加常数9,而次数都减少三分之一,则其算术平均数 ( )。
    A. 增加9　　　　　　　　B. 增加6
    C. 减少三分之一　　　　　D. 增加三分之二

13. 在不掌握各组单位数资料,只掌握各组标志值和各组标志总量的情况下,若计算平均指标宜采用 ( )
    A. 加权算术平均数公式　　B. 加权调和平均数公式
    C. 几何平均数公式　　　　D. 简单算术平均数公式

14. 计算一个时期到另一个时期的销售额年平均增长速度时,应采用 ( )
    A. 几何平均数　　　　　　B. 中位数
    C. 调和平均数　　　　　　D. 众数

15. 已知一分配数列,最小组限为30元,最大组限为200元,不可能是平均数的为 ( )
    A. 50元　　　B. 80元　　　C. 120元　　　D. 210元

16. 如果你的业务是销售篮球服,则下列指标中对你更有用的是 ( )
    A. 算术平均数　　　　　　B. 调和平均数

C. 众数 D. 中位数

17. 受极端变量值影响较小的平均指标是 （ ）
   A. 几何平均数 B. 调和平均数
   C. 算术平均数 D. 中位数

18. 比较两个单位的资料，甲的标准差小于乙的标准差，则 （ ）
   A. 两个单位的平均数代表性相同
   B. 甲单位平均数代表性大于乙单位
   C. 乙单位平均数代表性大于甲单位
   D. 不能确定哪个单位的平均数代表性大

19. 甲、乙两数列的平均数分别为 100 和 14.5，它们的标准差为 12.8 和 3.7，则 （ ）
   A. 甲数列平均数的代表性高于乙数列
   B. 乙数列平均数的代表性高于甲数列
   C. 两数列平均数的代表性相同
   D. 两数列平均数的代表性无法比较

20. 对于不同水平的总体，若比较其标志变动度，不能直接用标准差，而需分别计算各自的 （ ）
   A. 标准差系数 B. 平均差
   C. 极差 D. 均方差

四、多项选择题

1. 下列指标中属于总量指标的有 （ ）
   A. 工资总额 B. 钢材消耗量
   C. 商业网点密度 D. 年度国内生产总值
   E. 流动资产周转次数

2. 下列指标中属于时点指标的有 （ ）
   A. 资产库存 B. 耕地面积
   C. 全年出生人口数 D. 进出口总额
   E. 年末全国城市数

3. 相对指标的计量单位有 （ ）
   A. 百分数 B. 千分数
   C. 系数或倍数 D. 成数
   E. 复名数

4. 时期指标的特点是 （ ）
   A. 不同时期的指标数值可以相加
   B. 不同时期的指标数值不能相加
   C. 某时期的指标数值与该期时间长短有直接关系
   D. 某时期指标数值的大小与该期时间长短无关
   E. 更长时期的指标数值可通过连续相加得到

5. 下面属于结构相对数的有 （ ）

A. 人口出生率 B. 产值利润率
C. 恩格尔系数 D. 男性比重
E. 升学率

6. 某高校 2014 年女生占比 43%,2015 年升高到 50%,男女生比例为 1∶1,该资料中存在着 （   ）
   A. 总量指标 B. 相对指标
   C. 两个结构相对指标 D. 一个比例相对指标
   E. 一个比较相对指标

7. 某城市人口数为 20 万人,零售商业机构 600 个,求该城市零售商业网密度,并指出此概念的定义。则下列选项正确的有 （   ）
   A. 商业网密度正指标 333 人/个,逆指标 3 个/千人
   B. 商业网密度为比例相对指标
   C. 商业网密度为同一总体不同部分总量指数之比
   D. 商业网密度为强度相对指标
   E. 商业网密度正指标为 3 个/千人,逆指标为 333 人/个

8. 下列属于强度相对指标的有 （   ）
   A. 人均粮食产量 B. 人均国民收入
   C. 人均粮食消费量 D. 职工平均工资
   E. 全员劳动生产率

9. 按统计指标的作用和表现形式来划分,统计指标可分为 （   ）
   A. 数量指标 B. 总量指标
   C. 质量指标 D. 相对指标
   E. 平均指标

10. 企业职工工资总额是 （   ）
    A. 数量指标 B. 质量指标
    C. 相对指标 D. 时点指标
    E. 时期指标

11. 下列指标中,属于同一总体内部之比的相对指标有 （   ）
    A. 2008 年第一产业增加值占国内生产总值的比重为 11.3%
    B. 2008 年全国出生人口性别比为 120.56
    C. 2007 年工业产品销售率 98.14%
    D. 2005 年国有及规模以上非国有工业企业全员劳动生产率每人为 104 680 元/年
    E. 我国 2007 年每万人口医院、卫生院床位数为 26.3 张

12. 平均指标的特点主要包括 （   ）
    A. 具体差异抽样化 B. 可以就不同类事物计算
    C. 只能就同类事物计算 D. 反映了变量值的分布状况
    E. 反映了变量值的集中趋势

13. 不受极端值影响的平均数是 （   ）
    A. 算术平均数 B. 调和平均数

C. 中位数　　　　　　　　　　　　D. 几何平均数
E. 众数
14. 加权算术平均数等于简单算术平均数是因为　　　　　　　　　　　　（　　）
   A. 各组标志值不同　　　　　　　B. 各组次数相等
   C. 各组标志值相同　　　　　　　D. 各组次数不相等
   E. 各组次数等于1
15. 众数的特点包括　　　　　　　　　　　　　　　　　　　　　　　　（　　）
   A. 便于代数运算　　　　　　　　B. 稳健性高
   C. 不受极端值影响　　　　　　　D. 可适用于品质标志
   E. 代表性高
16. 下列平均指标属于数值平均数的是　　　　　　　　　　　　　　　　（　　）
   A. 算术平均数　　　　　　　　　B. 调和平均数
   C. 几何平均数　　　　　　　　　D. 众数
   E. 中位数
17. 检查长期计划执行情况的方法有　　　　　　　　　　　　　　　　　（　　）
   A. 水平法　　　　　　　　　　　B. 方程式法
   C. 累计法　　　　　　　　　　　D. 几何平均法
   E. 最小平方法
18. 中位数是　　　　　　　　　　　　　　　　　　　　　　　　　　　（　　）
   A. 居于数列中间位置的那个变量值
   B. 根据各个变量值计算的
   C. 不受极端变量值的影响
   D. 不受极端变量值位置的影响
   E. 在组距数列中不受开口组的影响
19. 标志变异指标与平均指标的关系表现为　　　　　　　　　　　　　　（　　）
   A. 二者都是反映总体单位标志值分布特征的
   B. 平均指标反映各单位某一数量标志的共性
   C. 平均指标反映分配数列中变量的集中趋势
   D. 标志变异指标反映各单位某一数量标志的差异性
   E. 标志变异指标反映分配数列中变量的离散趋势
20. 标准差系数是　　　　　　　　　　　　　　　　　　　　　　　　　（　　）
   A. 平均数和标准差的比值
   B. 可衡量平均指标不同的总体标志变动度的大小
   C. 标准差和平均数的比值
   D. 用相对数表现的标志变动度指标
   E. 离散系数

五、简答题

1. 时期指标和时点指标各有何特点?

2. 相对指标有哪些种类?

3. 应用平均指标应注意哪些问题?

4. 简述强度相对数与算术平均数的主要区别。

5. 什么是标志变异指标?有何作用?

六、计算题

1. 已知某地区 2000 年和 2010 年人口资料如下(单位:人)。又知该地区面积为 1 100 平方公里。试计算全部可能的相对指标,并指出它们属于哪一种相对数。

	2000 年	2010 年
人口总数	101 654	114 333
男	52 352	58 904
女	49 302	55 429

2. 某企业 2013 年甲产品的单位成本为 1 000 元,2014 年计划规定比 2013 年成本降低 5%,实际降低 6%。试计算:(1)甲产品 2014 年单位成本的计划数与实际数;(2)甲产品 2014 年降低成本计划完成程度指标。

3. 某市五年计划规定累计完成固定资产额为110亿元，其计划执行情况见下表。计算计划完成程度和提前完成计划的时间。

时　　间	第一年	第二年	第三年	第四年	第五年			
					一季	二季	三季	四季
实际投资额(亿元)	23	27	29	31	6	7	8	9

4. 某企业按五年计划规定最后一年的产品产量达到100万吨，其计划执行情况见下表。计算计划完成程度和提前完成计划的时间。

时间	第一年	第二年	第三年		第四年				第五年			
			上半年	下半年	一季	二季	三季	四季	一季	二季	三季	四季
产量	80	85	40	45	22	23	24	25	25	26	27	28

5. 2015年某月某企业按工人劳动生产率高低分组的生产班组数和产量资料如下表所示。试计算该企业工人平均劳动生产率。

按工人劳动生产率分组(件/人)	生产工人数(人)
50～60	300
60～70	200
70～80	140
80～90	60

6. 某企业本月分三批购进某种原材料,已知每批购进的价格及总金额如下:

购进批次	价格(元/吨)X	总金额(元)M
一	200	16 000
二	190	19 000
三	205	28 700
合计	—	63 700

计算该种原材料的平均购进价格。

7. 投资银行某笔投资的年利率是按复利计算的。25 年的年利率分配是：有 2 年为 5%，有 5 年为 6.5%，有 6 年为 8%，有 8 年为 10%，有 4 年为 14%。求平均年利率。

8. 某校工商管理系学生体重资料如下：

按体重分组（公斤）	学生人数
52 以下	24
52～55	25
55～58	38
58～61	21
61 以上	17
合计	125

试计算该系学生体重的算术平均数、中位数和众数。

9. 已知甲班的统计学课程期末考试成绩见下表,又知乙班统计学课程平均考试成绩为80分,标准差为12分。试比较甲、乙两班平均考试成绩的代表性高低。

按考试成绩分组(分)	人数(人)
60 以下	4
60～70	15
70～80	30
80～90	27
90 以上	10
合　计	86

期中测试模拟试卷

一、填空题(每题1分,共10分)

1. "统计"一词包括有统计工作、统计资料和_____三种涵义。
2. 通过调查鞍钢、武钢等几个大钢铁基地,了解我国钢铁生产的基本状况。这种调查方式是_____。
3. 统计整理是_____的继续,又是统计分析的基础。
4. 某连续变量数列,其末组为开口组,下限为200,又知其邻组的组中值为170,则末组组中值为_____。
5. 某企业计划规定单位产品成本降低2%,实际降低7%,则其单位成本降低计划完成程度为_____。
6. 标志变异指标表现总体各单位标志值的变异程度,反映总体各单位标志值的_____。
7. 抽样调查是在全部调查单位中按_____抽取样本单位。
8. 众数是总体中_____的那个变量值。
9. 中位数是把各变量值按大小顺序排列,位于_____的那个数。
10. 统计分组的关键在于_____。

二、判断题(每题1分,共10分)

1. 品质标志表明单位属性方面的特征,其标志表现只能用文字表现,所以品质标志不能直接转化为统计指标。( )
2. 某一职工的文化程度在标志的分类上属于品质标志,职工的平均工资在指标的分类上属于质量指标。( )
3. 在统计调查中,调查单位和报告单位有时是一致的。( )
4. 抽样调查是非全面调查中最有科学根据的方式方法,因此,它适用于完成任何调查任务。( )
5. 用统计表表示次数分布,各组频率相加之和应等于100%。( )
6. 在分布数列中,某一组的次数越大,则该组的变量值对平均数的影响就越大,反之则越小。( )
7. 标准差愈大说明变异程度愈大,因而平均数代表性愈大。( )
8. 计算单利利率的平均值时,最适宜采用几何平均数。( )
9. 时点指标的数值表示现象在某一时点达到的水平,其大小与现象在这一时点前的变化

情况有关。   （   ）
10. 平均指标的数值大,其作为总体各单位标志值一般水平的代表性也大。   （   ）

三、单项选择题(每题2分,共20分)

1. 研究者想要了解100名学生的学习情况,则总体单位是   （   ）
   A. 100名学生　　　　　　　　　B. 每一名学生
   C. 100名学生的成绩　　　　　　D. 每一名学生的成绩
2. 在全国人口普查中   （   ）
   A. 男性是品质标志　　　　　　　B. 人的年龄是变量
   C. 人口的平均寿命是数量标志　　D. 全国人口是统计指标
3. 下列属于专门调查的是   （   ）
   A. 普查　　　　　　　　　　　　B. 非全面调查
   C. 全面调查　　　　　　　　　　D. 专业统计报表
4. 在对总体现象进行分析的基础上,有意识地选取若干有代表性的调查单位进行调查,这种调查方式是   （   ）
   A. 普查　　　　　　　　　　　　B. 典型调查
   C. 抽样调查　　　　　　　　　　D. 重点调查
5. 下列分组中按品质标志分组的是   （   ）
   A. 人口按年龄分组　　　　　　　B. 企业按固定资产原值分组
   C. 产品按质量优劣分组　　　　　D. 乡镇按工业产值分组
6. 统计整理的主要对象是   （   ）
   A. 次级资料　　　　　　　　　　B. 原始资料
   C. 分析资料　　　　　　　　　　D. 技术参考资料
7. 累计次数或累计频率中的"向上累计"是指   （   ）
   A. 将各组变量值由小到大依次相加
   B. 将各组次数或频率由小到大依次相加
   C. 将各组次数或频率从变量值最低的一组向最高的一组依次相加
   D. 将各组次数或频率从变量值最高的一组向最低的一组依次相加
8. 某产品单位成本计划规定比基期下降3%,实际比基期下降3.5%,单位成本计划完成程度为   （   ）
   A. 85.7%　　　　B. 99.5%　　　　C. 100.5%　　　　D. 116.7%
9. 某服装厂2008年三季度共加工了三批服装,第一批产品废品率为1%,第二批产品废品率为1.5%,第三批产品废品率为2%,第一批产品数量占总数的25%,第二批产品数量占总数的30%,则平均废品率为   （   ）
   A. 1.5%　　　　B. 4%　　　　C. 4.5%　　　　D. 1.6%
10. 在下列两两组合的平均指标中,两个平均数不受极端数值的影响的一组是   （   ）
    A. 算术平均数和调和平均数　　　B. 几何平均数和众数
    C. 调和平均数和众数　　　　　　D. 众数和中位数

四、多项选择题（每题 3 分，共 15 分）

1. 在全国人口普查中 （　　）
   A. 全国人口总数是总体
   B. 男性是品质标志表现
   C. 人的年龄是变量
   D. 每一户是总体单位
   E. 人口的平均年龄是统计指标

2. 下列属于变量数列的有 （　　）
   A. 按大学生所学专业分配
   B. 按运动员年龄分配
   C. 按企业利润分配
   D. 按工人的劳动生产率分配
   E. 按劳动者的职业分配

3. 下列指标中属于动态相对指标的有 （　　）
   A. 2000 年到 2007 年某地区人口增长了 6.48%
   B. 2007 年某地区 GDP 为 2000 年的 196.3%
   C. 2007 年某地区生产总值中，第一、二、三产业分别占 28.4%、44.3%、27.3%
   D. 2007 年某地区国民收入为 1952 年的 2 364.2%
   E. 2007 年某地区国民收入使用额中积累和消费分别占 34.1% 和 65.9%

4. 经调查，得知某地区 2007 年人口自然增长率为 7‰，这一指标属于 （　　）
   A. 总量指标
   B. 相对指标
   C. 质量指标
   D. 数量指标
   E. 强度相对指标

5. 下列指标中，属于时点指标的有 （　　）
   A. 销售额
   B. 设备台数
   C. 工业增加值率
   D. 利税总额
   E. 库存

五、简答题（每题 5 分，共 10 分）

1. 举例说明总体和总体单位的概念。

2. 简述平均指标的定义及其作用。

六、计算题(第1题5分,第2~4题每题10分,共35分)

1. 某企业2014年计划规定全员劳动生产率提高10%,实际提高15%,求其计划完成程度。

2. 甲、乙两班同时参加统计学课程的测试,甲班的平均成绩为70分,标准差为9分;乙班的成绩分组资料如下:

按成绩分组(分)	60以下	60~70	70~80	80~90	90~100	合计
学生人数(人)	2	6	25	12	5	50

要求:计算乙班学生的平均成绩,并比较甲、乙两班哪个班的平均成绩更有代表性。

3. 设有关资料如下：

按计划完成程度分组（%）	企业数（个）
100 以下	6
100～110	16
110～120	37
120～130	20
130～140	14
140 以上	7
合　计	100

试计算众数和中位数。

4. 某工业局所属各企业工人数如下：

```
555  506  220  735  338  420
332  369  416  548  422  547
567  288  447  484  417  731
483  560  343  312  623  798
631  621  587  294  489  445
```

试根据上述资料，要求：
（1）编制等距及不等距的分配数列；
（2）根据等距数列编制向上和向下累计的频数和频率数列。

项目五 时间数列

一、填空题

1. 时间数列的两个基本要素为：一是现象所属的_____，二是反映客观现象的_____。
2. 时间数列按观察值具体表现不同，可分为绝对数时间数列、_____和_____。
3. 绝对数时间数列可分为_____和_____。
4. 计算平均发展速度的两种方法为_____、_____。
5. 时间数列的构成因素有_____、_____、_____及不规则变动。
6. 测定长期趋势最常用的方法是_____。
7. 平均增长速度与平均发展速度的关系式为_____。
8. 同一时间数列中，各期环比发展速度相乘等于_____。
9. 某企业 2015 年 1 月产品产量为 4 000 件，2014 年 1 月产品产量为 3 500 件，则产品产量的同比增长量为_____，同比增长速度为_____。

二、判断题

1. 序时平均数与一般平均数是两个不同的概念，它们之间没有共同点。（　　）
2. 平均增长速度不能根据各个环比增长速度直接求得。（　　）
3. 保证时间数列中各个指标数值具有可比性是编制时间数列应遵守的基本原则。（　　）
4. 各种动态数列中，指标值的大小都受指标所反映的时期长短制约。（　　）
5. 平均发展速度是环比发展速度的平均数，也是一种序时平均数。（　　）
6. 若将某市社会商品库存额按时间先后顺序排列，此种时间数序属于时期数列。（　　）
7. 最小二乘法的数理依据是 $\sum(y-y_c)^2$ 为最大值。（　　）
8. 若直线趋势方程为 $y=2-1.5t$，则该现象呈下降趋势。（　　）
9. 增降 1% 的绝对值是指发展速度中每一个百分点所代表的绝对额。（　　）
10. 若时间数列中各期环比发展速度相等，则各期增降速度一定相等。（　　）

三、单项选择题

1. 时间数列中，各项指标数值可以相加的是（　　）
   A. 相对数数列　　　　　　　　　　B. 时期数列

C. 平均数数列 D. 时点数列

2. 下列属于时点序列的是 ( )
   A. 某企业连续三年的月度销售额
   B. 某企业各月末职工人数
   C. 某地2008—2014年各季度GDP资料
   D. 我国连续十年职工平均工资数据

3. 时间数列中的发展水平 ( )
   A. 只能是总量指标
   B. 只能是相对指标
   C. 只能是平均指标
   D. 上述三种指标均可以

4. 某商场第二季度商品零售额资料如下：

月　份	4月	5月	6月
完成商品零售额(万元)	50	62	78
完成计划(%)	100	124	104

该商场第二季度平均完成计划为 ( )

A. $\dfrac{100\% + 124\% + 104\%}{3} = 108.6\%$

B. $\dfrac{50 + 62 + 78}{\dfrac{50}{100\%} + \dfrac{62}{124\%} + \dfrac{78}{104\%}} = 108.6\%$

C. $\dfrac{\dfrac{50}{100\%} + \dfrac{62}{124\%} + \dfrac{78}{104\%}}{50 + 62 + 78} = 92.1\%$

D. $\dfrac{50 \times 100\% + 62 \times 124\% + 78 \times 104\%}{50 + 62 + 78} = 109.5\%$

5. 已知某企业1月份、2月份、3月份、4月份各月初的职工人数分别为190人、195人、198人和200人，则该企业一季度的月平均职工人数的计算方法为 ( )

A. $\dfrac{190 + 195 + 198 + 200}{4}$　　B. $\dfrac{190 + 195 + 198}{3}$

C. $\dfrac{\dfrac{190}{2} + 195 + 198 + \dfrac{200}{2}}{4 - 1}$　　D. $\dfrac{\dfrac{190}{2} + 195 + 198 + \dfrac{200}{2}}{4}$

6. 某公司月初1 000人，月内职工变动情况为10日增加5人，16日增加5人，20日减少10人，该月平均职工人数为 ( )
   A. 1 000人 B. 1 002人
   C. 1 005人 D. 以上均不对

7. 根据采用的对比基期不同，发展速度有 ( )
   A. 环比发展速度与定基发展速度
   B. 环比发展速度与累积发展速度

C. 逐期发展速度与累积发展速度

D. 累积发展速度与定基发展速度

8. 环比发展速度与定基发展速度之间的关系是 （ ）。

A. 环比发展速度等于定基发展速度减 1

B. 定基发展速度等于环比发展速度之和

C. 环比发展速度等于定基发展速度的平方根

D. 环比发展速度的连乘积等于定基发展速度

9. 增长速度的计算公式为 （ ）

A. 增长速度 = $\dfrac{增长量}{基期水平}$ B. 增长速度 = $\dfrac{增长量}{期初水平}$

C. 增长速度 = $\dfrac{增长量}{报告期水平}$ D. 增长速度 = $\dfrac{增长量}{期末水平}$

10. 某地 2010 年销售利润为 50 亿元，2014 年实现销售利润 90 亿元，则平均增长率为 （ ）

A. 80%   B. 15.48%

C. 55.56%   D. 以上均不对

11. 如果逐期增长量相等，则环比增长速度 （ ）

A. 逐期下降   B. 逐期增加

C. 保持不变   D. 无法做结论

12. 假定某产品产量 2014 年比 2004 年增加了 235%，则 2004—2014 年平均发展速度为 （ ）

A. $\sqrt[9]{235\%}$ B. $\sqrt[10]{335\%}$ C. $\sqrt[10]{235\%}$ D. $\sqrt[9]{335\%}$

13. 某商场 5 年的销售收入为 200 万元、220 万元、250 万元、300 万元、320 万元，则平均增长量为 （ ）

A. $\dfrac{120}{5}$ B. $\dfrac{120}{4}$ C. $\sqrt[5]{\dfrac{320}{200}}$ D. $\sqrt[4]{\dfrac{320}{200}}$

14. 环比增长速度与定基增长速度之间的关系是 （ ）

A. 环比增长速度之和等于定基增长速度

B. 环比增长速度之积等于定基增长速度

C. 环比增长速度等于定基增长速度减 1

D. 二者无直接代数关系

15. 某企业的职工人数比上年增加 5%，职工工资水平提高 2%，则该企业职工工资总额比上年增长 （ ）

A. 7%   B. 7.1%   C. 10%   D. 11%

16. 已知某企业 2001—2004 年产值连年增长，分别比上年增长 10%、20%、28% 及 35%，这四个增长率是 （ ）

A. 环比增长率   B. 定基增长率

C. 平均增长率   D. 年均增长率

17. 下列叙述正确的是 （ ）

A. 季节变动是指一年内重复出现的周期性波动
B. 季节变动是一种无规律的周期变动
C. 季节变动仅指现象在一年中四个季度周而复始的波动
D. 季节变动是每年各不相同的变动

18. 用最小平方法拟合直线趋势方程,若 b 为负数,则该现象趋势为 （ ）
   A. 上升趋势   B. 下降趋势
   C. 水平趋势   D. 不能确定

19. 若无季节变动,则季节比率为 （ ）
   A. 0   B. 1   C. -1   D. 100

20. 移动平均的平均项数越大,则它 （ ）
   A. 对数列的平滑修匀作用越强
   B. 对数列的平滑修匀作用越弱
   C. 使数列数据的波动更大
   D. 对数列数据没有影响

四、多项选择题

1. 下列数列中,属于时期数列的是 （ ）。
   A. 四次人口普查数   B. 近五年钢铁产量
   C. 某市近五年企业数   D. 某商店各季末商品库存量
   E. 某商店 2000—2014 年商品销售额

2. 下列数量属于相对数时间数列的有 （ ）
   A. 年新增人口时间数列   B. 年人口出生率时间数列
   C. 人均粮食产量时间数列   D. 年人口自然增长率时间数列
   E. 国内生产总值时间数列

3. 已知各时期环比发展速度和时期数,就可计算 （ ）。
   A. 平均发展速度   B. 平均增长速度
   C. 各期定基发展速度   D. 各期逐期增长量
   E. 累计增长量

4. 下面可采用公式 $\bar{x} = \sum a/n$ 计算其序时平均数的数列有 （ ）
   A. 时期数列   B. 时点数列
   C. 间隔相等的连续时点数列   D. 间隔不等的连续时点数列
   E. 间隔相等的间断时点数列

5. 分析时间数列的水平指标包括有 （ ）
   A. 发展水平   B. 发展速度
   C. 增长量   D. 平均发展水平
   E. 平均增长量

6. 下列属于序时平均数的有 （ ）
   A. 一季度平均每月的职工人数
   B. 某产品产量某年各月的平均增长量

C. 某企业职工第四季度人均产值
D. 某商场职工某年月平均人均销售额
E. 某地区近几年出口商品贸易额平均增长速度

7. 时间数列的特征主要有 （　　）

A. 长期趋势　　　　　　　　B. 季节变动
C. 不规则变动　　　　　　　D. 随机变动
E. 循环变动

8. 时点数列的特点主要有 （　　）

A. 数列中每个指标数值不能相加
B. 数列中每个指标数值可以相加
C. 一般来说,数列中每个指标数值的大小与其间隔长短成正比
D. 数列中每个指标数值是通过连续不断的登记而取得的
E. 数列中每个指标数值是通过每隔一定时期登记一次取得的

9. 动态数列中,各项指标数值不能相加的有 （　　）

A. 时点数列　　　　　　　　B. 时期数列
C. 相对数动态数列　　　　　D. 平均数动态数列
E. 以上数列中的各项指标数值都不能相加

10. 直线趋势方程中,参数是表示 （　　）

A. 趋势值
B. 趋势线的截距
C. 趋势线的斜率
D. 当每变动一个时间单位时,平均增减的数值
E. 当时的数值

五、简答题

1. 时期数列与时点数列有何异同?

2. 什么是平均增长速度？它与平均发展速度存在什么关系？

3. 在测定季节变动时为什么要剔除长期趋势的影响？

六、计算题

1. 某商场 2014 年 1—4 月份商品销售额和售货员人数如下：

指　　标	1月	2月	3月	4月
商品销售额（万元）	90	124	164	170
月初售货员人数（人）	58	60	64	66

试计算第一季度平均每人每月的销售额。

2. 某企业 2001 年 4 月几次工人数变动登记如下:(单位:人)

4月1日	4月11日	4月16日	5月1日
1 210	1 240	1 300	1 270

试计算该企业 4 月份平均工人数。

3. 某地区 2014 年各季度末农村零售网点平均职工人数资料如下：

	上年末	第一季末	第二季末	第三季末	第四季末
零售企业数(个)	250	256	255	304	320
职工人数	1 400	1 408	1 479	1 520	1 536
每企业职工人数	5.6	5.5	5.8	5.0	4.8

试计算该年平均每网点职工人数。

4. 某商场历年销售额资料如下,请完善下表:

年　　度		2010 年	2011 年	2012 年	2013 年	2014 年	2015 年
发展水平(万元)							
增长量(万元)	累计				106.2		
	逐期			42.5			
发展速度(%)	定基						
	环比					136.0	
增长速度(%)	定基				45.2		
	环比						3.2
增长 1% 的绝对值			2.85				

5. 某市 2014 年第三产业产值为 1 200 万元,2014 年较 2010 年增长 20%,2013 年较 2010 年增长 18%,试求 2013 年该市第三产业产值。

6. 已知某公司 1999 年销售额为 2 400 万元,2004 年销售额为 1999 年的 316%,试求该公司 1999—2004 年期间销售额年平均增长速度和年平均增长量。

7. 某工厂工人人数资料如下(单位:人):

月　份	1月	2月	3月	4月	5月	6月	7月
月初工人数	500	510	514				
月平均工人数				533	549	564	577

要求:(1) 填补上表所缺的数字;
(2) 计算第一季度、第二季度及上半年的平均工人数。

项目六 统计指数

一、填空题

1. 统计指数按研究对象的范围不同,可分为_____和_____。
2. 总指数按计算方法不同,可分为_____和_____。
3. 综合指数按其所反映现象的性质不同,可分为_____和_____。
4. 同度量因素在综合指数的计算中,既起_____作用,又起_____作用。
5. 一般来说,在编制质量指标指数时,通常是以_____期的_____指标作为同度量因素;在编制数量指标指数时,通常是以_____期的_____指标作为同度量因素。
6. 平均数指数是从_____出发编制的总指数,通常作为_____的变形来使用,按其计算形式不同可分为_____和_____。
7. 加权算术平均数指数是以综合指数的_____作权数,通常用来编制_____指标总指数;加权调和平均数指数是以综合指数的_____作权数,通常用来编制_____指标总指数。
8. 我国编制零售物价指数的方法是_____,公式为_____。
9. 产品产量增长15%,单位产品成本上升5%,则生产费用增长_____。
10. 在指数体系中,总指数等于各因素指数的_____,总量指标的绝对增长额等于各因素指数所引起的增长额的_____。

二、判断题

1. 总指数就是加权指数。( )
2. 编制综合指数的关键问题是同度量因素及其时期的选择。( )
3. 编制平均数指数,实质上就是计算个体指数的平均数。( )
4. 综合指数中同度量元素的时期是可以选择的。( )
5. 质量指标指数是反映总体内涵变动情况的相对数。( )
6. 因素分析的目的就是要测定现象总变动中各因素的影响方向和影响程度。( )
7. 工资总额增长10%,平均工资下降5%,则职工人数应增长15%。( )
8. 平均指标指数实际上就是综合指数的变形。( )
9. 综合指数可以同时研究几个因素的变动方向和变动程度。( )

10. 综合指数是根据全面资料计算的,平均数指数是根据非全面资料计算的。（   ）

三、单项选择题

1. 总指数的基本形式是（   ）
   A. 个体指数   B. 综合指数
   C. 算术平均数指数   D. 调和平均数指数
2. 数量指标指数的同度量因素一般是（   ）
   A. 基期质量指标   B. 报告期质量指标
   C. 基期数量指标   D. 报告期数量指标
3. 质量指标指数的同度量因素一般是（   ）
   A. 基期质量指标   B. 报告期质量指标
   C. 基期数量指标   D. 报告期数量指标
4. 统计指数是一种反映现象变动的（   ）
   A. 绝对数   B. 相对数
   C. 平均数   D. 序时平均数
5. 副食品类商品价格上涨10%,销售量增长20%,则副食品类商品销售总额增长（   ）
   A. 30%   B. 32%   C. 2%   D. 10%
6. 如果物价上升10%,则现在的1元钱（   ）
   A. 只是原来的0.09元   B. 与原来的1元钱等价
   C. 无法与过去进行比较   D. 只是原来的0.91元
7. 某企业2003年比2002年产量增长了10%,产值增长了20%,则产品的价格提高了（   ）
   A. 10%   B. 30%   C. 100%   D. 9.09%
8. 反映物量变动水平的指数是（   ）
   A. 数量指标指数   B. 综合指数
   C. 个体指数   D. 质量指标指数
9. 下列是数量指标指数的有（   ）
   A. 产品产量指数   B. 商品销售额指数
   C. 价格指数   D. 产品成本指数
10. 商品销售额的增加额为400元,由于销售量增加使销售额增加410元,由于价格（   ）
    A. 增长使销售额增加10元   B. 增长使销售额增加205元
    C. 降低使销售额减少10元   D. 降低使销售额减少205元
11. 根据个体指数和报告期总量指标计算的总指数是（   ）
    A. 综合指数   B. 加权算术平均数指数
    C. 加权调和平均数指数   D. 可变构成指数
12. 算术平均数指数是（   ）
    A. 对个体数量指标指数进行平均
    B. 对个体质量指标指数进行平均

C. 对个体数量指标进行平均

D. 对个体质量指标进行平均

四、多项选择题

1. 下列属于数量指标指数的是 （   ）
   A. 产品产量指数   B. 商品销售额指数
   C. 价格指数   D. 产品成本指数
   E. 职工人数指数

2. 下列属于质量指标指数的是 （   ）
   A. 产品产量指数   B. 商品销售额指数
   C. 价格指数   D. 产品成本指数
   E. 职工人数指数

3. 某商品基期售出 50 公斤，报告期售出 60 公斤，指数为 120%，该指数为 （   ）
   A. 数量指标指数   B. 综合指数
   C. 总指数   D. 销售量指数
   E. 个体指数

4. 同度量因素在综合指数中的作用有 （   ）
   A. 比较作用   B. 平衡作用
   C. 权数作用   D. 推算作用
   E. 媒介作用

5. 综合指数 （   ）
   A. 是两个总量指标对比的动态相对指标
   B. 分子、分母分别是两个或两个以上因素的乘积之和
   C. 分子、分母有一个是假定的总量指标
   D. 综合反映多种现象的变动程度
   E. 固定一个或一个以上的因素观察另一个因素的变动

6. 平均数指数 （   ）
   A. 是综合指数的变形
   B. 是各个个体指数的平均数
   C. 其权数可以是总量指标也可以是相对指标
   D. 是我国目前编制物价指数的常用方法
   E. 有算术平均数指数和调和平均数指数之分

7. 编制总指数的方法有 （   ）
   A. 综合指数   B. 平均数指数
   C. 算术平均数指数和调和平均数指数   D. 平均指标指数
   E. 可变构成指数

8. 某种产品的生产总费用 2003 年为 50 万元，比 2002 年多 2 万元，而单位产品成本 2003 年比 2002 年降低 5%，则 （   ）
   A. 生产费用总指数为 104.17%   B. 生产费用指数为 108.56%

C. 单位成本指数为 95% D. 产量指数为 109.65%

E. 由于成本降低而节约的生产费用为 2.63 万元

9. 三个地区同一种商品的价格报告期为基期的 108%，这个指数是　　（　　）

A. 个体指数 B. 总指数

C. 综合指数 D. 平均数指数

E. 质量指标指数

10. 平均指标指数包括　　（　　）

A. 固定权数算术平均数指数 B. 固定构成指数

C. 可变构成指数 D. 算术平均数指数

E. 结构影响指数

五、计算题

1. 某针织厂三种产品的产量和价格资料如下：

产品名称	计量单位	产量		出厂价格（元）	
		基期	报告期	基期	报告期
甲	万条	20	25	10	8
乙	万张	15	18	20	21
丙	万副	10	12	5	5

要求：

(1) 计算每种产品的产量和出厂价格个体指数；

(2) 编制产量总指数，计算由于产量变动而增减的产值；

(3) 编制出厂价格总指数，计算由于价格变动而增减的产值。

2. 某商店三种商品的销售额和价格资料如下：

商品名称	计量单位	销售额(万元)		个体价格指数(%)
		基期	报告期	
甲	米	800	900	95
乙	件	900	1 200	110
丙	块	850	900	106

(1) 计算物价总指数；
(2) 计算销售量总指数；
(3) 对总销售额的变动进行因素分析。

3. 某商店三种商品价格及销售量资料如下：

商品名称	计量单位	价　格(元)		销售量	
		基期	报告期	基期	报告期
皮鞋	双	100	120	3 000	4 000
大衣	件	240	300	1 300	2 400
羊毛衫	件	90	100	4 000	4 800

计算：
(1) 销售额的总变动指数；
(2) 三种商品价格及销售量的综合变动指数；
(3) 由于价格提高和销售量的增加各使销售额增加多少？

4. 某企业总产值及产量增长速度资料如下：

产品名称	总产值(万元)		产量增长(%)
	基期	报告期	
甲	120	150	10
乙	200	210	5
丙	400	440	20

根据上述资料计算：
(1) 产量总指数；
(2) 物价总指数；
(3) 由于物价变动所引起的总产值的增加或减少额。

5. 某商店出售三种商品，其资料如下：

商品名称	计量单位	销售额(万元)		价格今年比去年升降的百分比
		去年	今年	
甲	台	20	22	+10
乙	件	70	72	−4
丙	米	50	49	−2
合计	—	140	143	—

试计算：
(1) 价格总指数以及由于价格变动对销售额的影响；
(2) 销售量总指数以及由于销售量变动对销售额的影响。

6. 某银行的职工人数和平均工资资料如下：

按职称分组	平均工资(元)		职工人数(人)	
	基期	报告期	基期	报告期
初级经济师	900	950	150	154
中级经济师	960	1 020	240	300
高级经济师	1 020	1 060	210	240

试用因素分析法对该行职工平均工资的变动进行分析。

项目七 抽样推断

一、填空题

1. 根据抽取样本的方法不同,有＿＿＿＿＿＿和＿＿＿＿＿＿＿＿＿＿两种具体抽样方法。
2. 在抽样推断中,若其他条件不变,当极限误差缩小一半,则抽样单位数必须＿＿＿＿＿＿；若极限误差增加2倍,则抽样单位数＿＿＿＿＿＿＿＿＿＿。
3. 以样本指标去估计总体指标有＿＿＿＿＿＿和＿＿＿＿＿＿两种方法。
4. 点估计就是用样本指标去直接估计总体指标,它没有考虑＿＿＿＿＿＿；而区间估计就是根据样本指标和抽样误差去推断总体指标的＿＿＿＿＿＿,并能够说明估计的＿＿＿＿＿＿,所以,区间估计是样本指标推断总体指标的主要方法。
5. 抽样推断中产生的抽样误差不但可以＿＿＿＿＿＿,而且还能加以＿＿＿＿＿＿。
6. 区间估计必须具备三个要素：＿＿＿＿＿＿、＿＿＿＿＿＿和＿＿＿＿＿＿。
7. 由于全及总体是唯一的,故根据全及总体计算的参数也是唯一的,常用的有＿＿＿＿＿＿、＿＿＿＿＿＿、＿＿＿＿＿＿等。
8. 样本总体又称为＿＿＿＿＿＿,其所包含的单位数称为＿＿＿＿＿＿。由于样本不是唯一的,故据此计算的样本指标也不是唯一的,称为＿＿＿＿＿＿。
9. 在重复简单随机抽样条件下,抽样平均误差与总体标志变动度的大小成＿＿＿＿＿＿,与样本容量的平方根成＿＿＿＿＿＿。如其他条件不变,要使抽样平均误差减少,则样本容量应＿＿＿＿＿＿。
10. 影响样本容量的主要因素有＿＿＿＿＿＿、＿＿＿＿＿＿、＿＿＿＿＿＿和＿＿＿＿＿＿。

二、判断题

1. 由于总体指标是唯一的,所以样本指标也是唯一的。（　　）
2. 抽样误差是抽样法本身所固有的,但可以尽量避免。（　　）
3. 有意选择样本单位所造成的误差不是抽样误差。（　　）
4. 抽样调查不仅存在抽样误差,而且也存在登记误差。（　　）
5. 抽样平均误差实际上是所有可能出现的样本平均数的方差。（　　）

6. 随机原则并不排除人的主观意识的作用。（   ）

7. 对于无限总体,不能进行全面调查,只能使用抽样推断。（   ）

8. 重复简单随机抽样的抽样平均误差小于不重复简单随机抽样的抽样平均误差。
（   ）

9. 抽样误差的产生是由于破坏了抽样的随机原则而造成的。（   ）

10. 抽样极限误差可能小于、大于或等于抽样平均误差。（   ）

三、单项选择题

1. 抽样调查的主要目的是   （   ）
   A. 了解现象发展的具体过程和变化趋势
   B. 对调查单位作深入具体的研究
   C. 用样本指标对总体综合数量特征作出具有一定可靠程度的推断估计
   D. 为计划和决策提供详细生动的资料

2. 从总体中选取样本时必须遵循的基本原则是   （   ）
   A. 可靠性   B. 随机性
   C. 代表性   D. 准确性和及时性

3. 样本指标   （   ）
   A. 都是随机变量   B. 都不是随机变量
   C. 有些是随机变量有些不是随机变量 D. 既是随机变量又是非随机变量

4. 能够事先加以计算和控制的误差是   （   ）
   A. 登记性误差   B. 代表性误差
   C. 系统性误差   D. 抽样误差

5. 抽样误差是指   （   ）
   A. 调查中所产生的登记性误差   B. 调查中所产生的系统性误差
   C. 随机性的代表性误差   D. 计算过程中产生的误差

6. 抽样误差   （   ）
   A. 既可以避免,也可以控制   B. 既不可以避免,也不可以控制
   C. 可以避免,但不可以控制   D. 不能避免,但可以控制

7. 重复抽样条件下的抽样平均误差与不重复抽样条件下的相比   （   ）
   A. 前者总是大于后者   B. 前者总是小于后者
   C. 两者总是相等   D. 不能确定大小

8. 全及总体是唯一确定的,样本   （   ）
   A. 也唯一   B. 有无数个
   C. 不唯一   D. 有有限个

9. 抽样调查中,无法消除的误差是   （   ）
   A. 随机误差   B. 责任性误差
   C. 登记性误差   D. 系统性误差

10. 在重复简单随机抽样中,抽样平均误差要减少1/3,则样本单位数就要扩大到（   ）
    A. 4倍   B. 2倍   C. 3倍   D. 9倍

11. 点估计 （　　）
   A. 不考虑抽样误差及可靠程度　　B. 考虑抽样误差及可靠程度
   C. 适用于推断的准确度要求高的情况　　D. 无需考虑无偏性、有效性、一致性
12. 相对而言，用样本指标去推断相应的全及指标，点估计的可靠性比区间估计的（　　）
   A. 高　　B. 低　　C. 基本相同　　D. 时高时低
13. 区间估计的置信度是指 （　　）
   A. 概率度　　B. 概率保证程度
   C. 抽样允许误差的大小　　D. 抽样平均误差的大小

四、多项选择题

1. 从一个全及总体中抽取一系列样本，则 （　　）
   A. 样本指标的数值不是唯一确定的　　B. 样本指标是样本变量的函数
   C. 总体指标是随机变量　　D. 样本指标也是随机变量
   E. 样本指标随着样本的不同而不同
2. 抽取样本单位的方法有 （　　）
   A. 重复抽样　　B. 简单随机抽样
   C. 等距抽样　　D. 不重复抽样
   E. 整群抽样
3. 在全面调查和抽样调查中都存在的误差是 （　　）
   A. 系统性误差　　B. 登记性误差
   C. 责任心误差　　D. 技术性误差
   E. 代表性误差
4. 在总体 100 个单位中抽取 40 个单位，下列说法中正确的是 （　　）
   A. 样本个数 40 个　　B. 样本容量 40 个
   C. 是一个大样本　　D. 是一个小样本
   E. 一个样本有 40 个单位
5. 区间估计必须具备的要素是 （　　）
   A. 点估计量　　B. 置信区间
   C. 置信度　　D. 概率
   E. 抽样平均误差
6. 影响抽样单位数的因素有 （　　）
   A. 被调查标志的变异程度　　B. 允许误差
   C. 概率度　　D. 抽样方法
   E. 抽样的组织方式
7. 抽样调查的组织形式有 （　　）
   A. 重复抽样　　B. 不重复抽样
   C. 纯随机抽样　　D. 等距抽样
   E. 类型抽样
8. 抽样推断中缩小抽样误差的方法有 （　　）

A. 缩小总体方差　　　　　　　　B. 适当增加抽样数目
C. 最大限度地增加抽样数目　　　D. 改进抽样组织方式
E. 改重复抽样为不重复抽样

9. 适合采用抽样推断的有　　　　　　　　　　　　　　　　　（　　）
A. 连续大量生产的某种小件产品的质量检验
B. 某城市居民生活费支出情况
C. 具有破坏性与消耗性的产品质量检验
D. 对全面调查资料进行评价与修正
E. 食品质量的调查

五、计算题

1. 某地区种植小麦 4 000 亩,随机抽取 200 亩进行实割实测,测得结果如下:平均亩产量为 300 公斤,抽样总体的标准差为 6 公斤。试在 94.45% 的概率保证下,估计小麦的平均亩产量和总产量的可能范围。

2. 对某种产品的质量进行抽样调查,抽取 200 件检验,发现有 6 件废品,试在 95.45% 的概率保证下估计这种产品的合格率。

3. 为了了解某地区职工家庭的收入情况,随机抽取 300 户进行调查,调查结果如下:

收入水平(元)	家庭数
2 000 元以下	40
2 000～4 000	80
4 000～6 000	120
6 000 以上	60
合　　计	300

根据以上资料,在 99.73% 的概率保证下,推算该地区职工家庭平均收入的可能范围。

4. 某灯泡厂对某种灯泡进行抽样检验测定其平均寿命,抽查了 50 只灯泡,测得平均寿命为 3 600 小时,标准差为 10 小时。

要求:

(1) 在 68.27% 的概率保证下推算这批灯泡的平均寿命。

(2) 如果要使抽样极限误差缩小为原来的一半,概率仍为 68.27%,应抽取多少只灯泡才能满足要求?

5. 某制鞋厂生产的一批旅游鞋,按1%的比例进行抽样调查,总共抽查500双,结果如下:

耐穿时间(天)	双数
300 以下	30
300～350	70
350～400	300
400～450	60
450 以上	40
合　　计	500

在95.45%的概率保证下,试求:
(1) 这批旅游鞋的平均耐穿时间的可能范围;
(2) 如果耐穿时间在350天以上才算合格,求这批旅游鞋合格率的可能范围。

6. 某地种植农作物6 000亩,按照随机抽样,调查了300亩。调查结果如下:平均亩产量为650公斤,标准差为15公斤,概率为0.954 5。

根据上述资料,试求:
(1) 利用点估计,推算农作物的总产量;
(2) 全部农作物的平均亩产量;
(3) 利用区间估计,求这6 000亩农作物总产量的可能范围。

项目八 相关分析和回归分析

一、填空题

1. 社会经济现象之间的相互关系可以概括为_____和_____两种类型。
2. 现象之间的相关关系按相关程度不同分为_____、_____和_____。
3. 现象之间的相关关系按相关方向不同分为_____和_____。
4. 现象之间的相关关系按相关的形式不同分为_____和_____。
5. 判断现象之间相关关系表现形式的方法是_____;测定现象之间相关关系密切程度的方法是_____。
6. 相关系数 r 的值介于_____之间,当它为正值时,表示现象之间存在着_____;当它为负值时,表示现象之间存在着_____。
7. 进行_____分析时,首先要确定哪个是自变量,哪个是因变量,在这一点上与_____分析不同。
8. 客观现象之间确实存在的但_____的数量上的相互依存关系称为相关关系;与相关关系对应的是_____,反映现象之间存在的严格的依存关系。
9. 用直线方程来表明两个变量间的变动关系,并进行估计和推算的分析方法称为_____。
10. 判断现象之间的相关关系表现形式的方法是_____,测定现象之间的相关关系密切程度的指标是_____,确定现象之间相关变量之间的一般关系式的方法是_____。

二、判断题

1. 回归分析和相关分析一样,所分析的两个变量一定都是随机变量。（ ）
2. 当直线相关系数 $r=0$ 时,说明变量之间不存在任何相关关系。（ ）
3. 回归系数 b 的符号与相关系数 r 的符号一般相同,但有时也不同。（ ）
4. 相关系数越大,说明相关程度越高;相关系数越小,说明相关程度越低。（ ）
5. 现象之间确实存在着的关系值固定的依存关系是相关关系。（ ）
6. 按变量之间的相关强度不同,相关关系可分为正相关和负相关。（ ）
7. 计算相关系数时,应首先确定自变量和因变量。（ ）
8. 相关系数是直线相关条件下说明两个现象之间相关密切程度的统计分析指标。（ ）

9. 相关与回归分析是在定性分析基础上进行的定量分析。（   ）
10. 一元线性回归方程中 b 大于 0，表示两个变量之间存在正相关关系。（   ）

三、单项选择题

1. 相关关系是 （   ）
   A. 现象间客观存在的依存关系
   B. 现象间的一种非确定性的数量关系
   C. 现象间的一种确定性的数量关系
   D. 现象间存在的函数关系
2. 当自变量 x 的值增加，因变量 y 的值也随之增加，两变量之间存在着 （   ）
   A. 曲线相关   B. 正相关
   C. 负相关   D. 无相关
3. 相关系数 r 的取值范围是 （   ）
   A. 从 0 到 1   B. 从 −1 到 0
   C. 从 −1 到 1   D. 无范围限制
4. 相关分析与回归分析相比，对变量的性质要求是不同的，回归分析中要求 （   ）
   A. 自变量是给定的，因变量是随机的
   B. 两个变量都是随机的
   C. 两个变量都是非随机的
   D. 因变量是给定的，自变量是随机的
5. 一般来说，当居民收入减少时，居民储蓄存款也会相应减少，二者之间的关系是（   ）
   A. 负相关   B. 正相关
   C. 零相关   D. 曲线相关
6. 价格愈低，商品需求量愈大，这两者之间的关系是 （   ）
   A. 复相关   B. 不相关
   C. 正相关   D. 负相关
7. 判断现象之间相关关系密切程度的方法是 （   ）
   A. 作定性分析   B. 制作相关图
   C. 计算相关系数   D. 计算回归系数
8. 配合直线回归方程比较合理的方法是 （   ）
   A. 散点图法   B. 半数平均法
   C. 移动平均法   D. 最小平方法
9. 已知某产品产量与生产成本有直线关系，在这条直线上，当产量为 1 000 件时，其生产成本为 50 000 元，其中不随产量变化的成本为 12 000 元，则成本总额对产量的回归方程是 （   ）
   A. $Y = 12\,000 + 38X$ B. $Y = 50\,000 + 12\,000X$
   C. $Y = 38\,000 + 12X$ D. $Y = 12\,000 + 50\,000X$
10. 工人的出勤率与产品合格率之间的相关系数如果等于 0.85，可以断定两者是（   ）
    A. 显著相关   B. 高度相关

C. 正相关 D. 负相关

11. 相关分析与回归分析的一个重要区别是 ( )
A. 前者研究变量之间的关系程度,后者研究变量间的变动关系,并用方程式表示
B. 前者研究变量之间的变动关系,后者研究变量间的密切程度
C. 两者都研究变量间的变动关系
D. 两者都不研究变量间的变动关系

12. 当所有观测值都落在回归直线上,则这两个变量之间的相关系数为 ( )
A. 1 B. -1
C. +1 或 -1 D. 大于 -1,小于 +1

13. 一元线性回归方程 $y = a + bx$ 中,b 表示 ( )
A. 自变量 x 每增加一个单位,因变量 y 增加的数量
B. 自变量 x 每增加一个单位,因变量 y 平均增加或减少的数量
C. 自变量 x 每减少一个单位,因变量 y 减少的数量
D. 自变量 x 每减少一个单位,因变量 y 增加的数量

四、多项选择题

1. 相关分析 ( )
A. 分析对象是相关关系
B. 分析方法是配合回归方程
C. 分析方法主要是绘制相关图和计算相关系数
D. 分析目的是确定自变量和因变量
E. 分析目的是判断现象之间相关的密切程度,并配合相应的回归方程进行推算和预测

2. 下列现象中存在相关关系的有 ( )
A. 职工家庭收入不断增长,消费支出也相应增长
B. 产量大幅度增加,单位成本相应下降
C. 税率一定,纳税额随销售收入增加而增加
D. 商品价格一定,销售额随销量增加而增加
E. 农作物收获率随着耕作深度的加深而提高

3. 商品流通费用率与商品销售额之间的关系是 ( )
A. 相关关系 B. 函数关系
C. 正相关 D. 负相关
E. 单相关

4. 相关系数 ( )
A. 是测定两个变量间有无相关关系的指标
B. 是在线性相关条件下测定两个变量间相关关系密切程度的指标
C. 也能表明变量之间相关的方向
D. 其数值大小决定有无必要配合回归方程
E. 与回归系数密切相关

5. 直线回归方程 ( )

A. 建立的前提条件是现象之间具有较密切的直线相关关系
B. 关键在于确定方程中的参数 a 和 b
C. 表明两个相关变量间的数量变动关系
D. 可用来根据自变量值推算因变量值,并可进行回归预测
E. 回归系数 $b=0$ 时,相关系数 $r=0$

6. 某种产品的单位成本(元)与工人劳动生产率(件/人)之间的回归直线方程 $Y=50-0.5X$,则 ( )
   A. 0.5 为回归系数
   B. 50 为回归直线的起点值
   C. 表明工人劳动生产率每增加 1 件/人,单位成本平均提高 0.5 元
   D. 表明工人劳动生产率每增加 1 件/人,单位成本平均下降 0.5 元
   E. 表明工人劳动生产率每减少 1 件/人,单位成本平均提高 50 元

7. 相关关系的特点是 ( )
   A. 现象之间确实存在数量上的依存关系
   B. 现象之间不确定存在数量上的依存关系
   C. 现象之间的数量依存关系值是不确定的
   D. 现象之间的数量依存关系值是确定的
   E. 现象之间不存在数量上的依存关系

8. 建立一元线性回归方程是为了 ( )
   A. 说明变量之间的数量变动关系
   B. 通过给定自变量数值来估计因变量的可能值
   C. 确定两个变量间的相关程度
   D. 用两个变量相互推算
   E. 用给定的因变量数值推算自变量的可能值

9. 在直线回归方程中,两个变量 x 和 y ( )
   A. 一个是自变量,一个是因变量
   B. 一个是给定的变量,一个是随机变量
   C. 两个都是随机变量
   D. 两个都是给定的变量
   E. 两个是相关的变量

10. 在直线回归方程中 ( )
    A. 在两个变量中须确定自变量和因变量
    B. 回归系数只能取正值
    C. 回归系数和相关系数的符号是一致的
    D. 要求两个变量都是随机的
    E. 要求因变量是随机的,而自变量是给定的

11. 现象间的相关关系按相关形式分为 ( )
    A. 正相关   B. 负相关
    C. 直线相关   D. 曲线相关

E. 不相关

12. 由直线回归方程 $y = a + bx$ 所推算出来的 y 值　　　　　　　　　　（　　）

　　A. 是一组估计值　　　　　　　　　　B. 是一组平均值

　　C. 是一个等差级数　　　　　　　　　D. 可能等于实际值

　　E. 与实际值的离差平方和等于 0

五、计算题

1. 下列是七个企业的相关资料（单位：万元）：

企业编号	1	2	3	4	5	6	7
生产性固定资产价值	320	200	400	420	500	320	910
总 产 值	520	640	820	900	930	610	1 120

要求：

(1) 建立以年总产值为因变量的直线回归方程；

(2) 估计生产性固定资产价值为 1 200 万元时总产值为多少？

2. 某企业产品产量与单位成本资料如下：

月 份	1	2	3	4	5	6
产量（千件）	2	2.5	3	5	4	4
单位成本（元/件）	75	73	72	68	69	70

要求：

(1) 建立直线回归方程，并指出产量每增加 2 000 件，单位成本平均下降多少元？

(2) 假设产量为 8 000 件，单位成本为多少元？

3. 某市 1994—2003 年历年的货币收入和消费支出资料如下：

年份	货币收入（亿元）	消费支出（亿元）
1994	10	9
1995	11	10
1996	12	11
1997	13	12
1998	14	13
1999	14	13
2000	16	15
2001	18	16
2002	20	17
2003	21	18

要求：

(1) 判断货币收入与消费支出之间相关关系的形式；
(2) 建立以货币收入为自变量的直线回归方程。

4. 六个地区某种商品的销售量与价格资料如下：

地区编号	销售量(万件)	价格(元/件)
1	2	73
2	3	72
3	4	71
4	3	73
5	4	69
6	5	68

要求：
(1) 建立销售量对价格的直线回归方程，并指出单价每下降1元，该商品销售量增加多少。
(2) 计算该直线方程的估计标准误差。

5. 7台机床的使用年限与维修费用资料如下：

机床编号	1	2	3	4	5	6	7
使用年限(年)	2	3	4	4	5	5	6
维修费用(元)	40	54	52	64	60	70	80

要求：
(1) 建立直线回归方程，表明机床的使用年限与维修费用的关系；
(2) 估计当机床使用年限为6年时，维修费用平均为多少？
(3) 计算估计标准误，对建立的方程进行评价。

6. 设某地区居民 1995—2000 年人均收入销售额资料如下：

年　份	1995	1996	1997	1998	1999	2000
人均收入(元)	2 000	2 400	3 000	3 200	3 500	4 000
销售额(百万元)	10	11	15	14	17	20

要求：
(1) 判断人均收入与商品销售额之间的相关关系形式；
(2) 用最小平方法建立直线回归方程；
(3) 当人均收入为 5 000 元时，预计销售额为多少？

7. 某地 1998—2003 年固定资产投资额资料如下（单位：亿元）：

年　份	1998	1999	2 000	2001	2002	2003
固定资产投资额	450	628	805	1 004	1 165	1 331

试用最小二乘法拟合趋势直线，说明直线方程中 b 的经济意义，并预测 2006 年的固定资产投资额。

8. 为研究学习时间长短对某门功课学习成绩的影响,现随机抽取 10 名学生,得到如下资料:

学习时数	40	50	60	65	70	80	85	85	90	95
成绩(分)	40	60	65	70	75	75	80	85	85	90

(1) 学习时间长短与学习成绩之间的关系如何?

(2) 求出两者之间的线性回归方程,指出学习时数为 100 学时时,成绩的平均数。

项目九　Excel 在统计中的应用

1. 某企业要进行职工工资制度改革,需要对目前职工工资情况进行调查、整理并分析。该企业调查了 30 名职工工资情况,详见下表。

某企业职工工资情况

序号	性别	月工资	序号	性别	月工资	序号	性别	月工资
1	男	1 500	11	女	1 760	21	男	1 450
2	女	2 000	12	女	1 750	22	男	2 350
3	女	1 550	13	男	2 200	23	男	1 480
4	男	1 660	14	男	1 800	24	女	1 950
5	男	1 980	15	男	1 850	25	女	1 750
6	男	1 540	16	男	1 870	26	男	1 650
7	女	1 500	17	女	1 750	27	男	1 600
8	男	2 000	18	女	1 950	28	男	1 800
9	女	1 800	19	女	2 000	29	女	1 900
10	男	1 850	20	男	2 250	30	女	1 750

(1) 利用 Excel,对 30 名职工工资情况按性别进行统计分组,计算各组频率并绘制饼图。

(2) 在 Excel 中按月工资对 30 名职工工资进行统计分组,编制累积频数和频率,绘制直方图。

2. 某企业在生产车间随机抽取 40 名工人的月产量情况(单位:件),资料如下:

      306 200 362 444 406 314 224 362 448 406
      318 234 366 454 408 320 244 368 458 418
      324 252 376 464 422 328 258 382 470 424
      342 270 388 486 564 346 274 392 504 592

试用 Excel 计算众数、中位数、算术平均数、全距、标准差和标准差系数。

3. 某企业 2010—2014 年销售额资料如下表所示。请用 Excel 对该企业销售额绘制一条直线趋势线,给出直线趋势方程,并预测该企业 2015 年的销售额。

某企业 2010—2014 年销售额

年份	时间代码 t	销售额 y(万元)
2010	1	40
2011	2	42
2012	3	43
2013	4	45
2014	5	48

4. 根据下列资料,利用 Excel 编制某商店三种商品的销售量总指数、价格总指数和销售额总指数。

某商店商品的销售情况表

产品名称	计量单位	销售量		价格(元)		销售额(元)		
		q_0	q_1	p_0	p_1	p_0q_0	p_0q_1	p_1q_1
甲	千克	200	220	4.0	4.5			
乙	双	800	600	10	9			
丙	件	500	510	24	26			
合计	—	—	—	—	—			

5. 某商场进行消费者满意度调查,随机抽取了 20 名顾客,获得满意度数据如下(单位:%):95 86 96 87 79 85 94 93 92 87 95 93 86 85 95 87 94 95 86 92。

假设消费者的满意度服从正态分布,试以 95％的概率保证程度估计消费者满意度的区间范围。

6. 2004—2013年某地区农村居民的收入与支出资料如下表所示。请利用Excel编制相关图,并进行一元线性回归分析。

2004—2013年某地区农村居民的收入与支出资料

年份	人均纯收入(元)	人均消费支出(元)
2004	2 990	2214
2005	3 120	2 336
2006	3 321	2 442
2007	3 641	2 570
2008	4 360	3 157
2009	5 121	3 749
2010	5 919	4 381
2011	6 977	5 221
2012	7 916	5 908
2013	8 896	6 623

期末测试模拟试卷(一)

一、单项选择题(每题2分,共20分)

1. 一个统计总体 ( )
   A. 只能有一个标志　　　　　　　　B. 只能有一个指标
   C. 可以有多个标志　　　　　　　　D. 可以有多个指标

2. 某城市进行工业企业未安装设备普查,总体单位是 ( )
   A. 工业企业全部未安装设备　　　　B. 工业企业每一台未安装设备
   C. 每个工业企业的未安装设备　　　D. 每一个工业企业

3. 下列属于数量指标的是 ( )
   A. 粮食总产量　　　　　　　　　　B. 粮食平均亩产量
   C. 人均粮食生产量　　　　　　　　D. 人均粮食消费量

4. 下列各项中,属于时点指标的有 ( )
   A. 库存额　　　　　　　　　　　　B. 总收入
   C. 平均收入　　　　　　　　　　　D. 人均收入

5. 某连续变量分为5组:第一组为40~50,第二组为50~60,第三组为60~70,第四组为70~80,第五组为80以上,则 ( )
   A. 50在第一组,70在第四组　　　　B. 60在第三组,80在第五组
   C. 70在第三组,80在第五组　　　　D. 80在第四组,50在第二组

6. 用水平法检查长期计划完成程度,应规定 ( )
   A. 计划期初应达到的水平　　　　　B. 计划期末应达到的水平
   C. 计划期中应达到的水平　　　　　D. 整个计划期应达到的水平

7. 某地区有10万人,共有80个医院。平均每个医院要服务1 250人,这个指标是 ( )
   A. 平均指标　　　　　　　　　　　B. 强度相对指标
   C. 总量指标　　　　　　　　　　　D. 发展水平指标

8. 红星机械厂计划规定,今年甲产品的单位产品成本比去年降低4%,实际执行的结果降低了5%,则该产品单位成本降低计划完成程度的算式为 ( )
   A. $\dfrac{5\%}{4\%}$　　B. $\dfrac{105\%}{104\%}$　　C. $\dfrac{95\%}{96\%}$　　D. $5\%-4\%$

9. 变量 x 与 y 之间的负相关是指 ( )
   A. x 值增大时 y 值也随之增大
   B. x 值减少时 y 值也随之减少
   C. x 值增大时 y 值随之减少,或 x 值减少时 y 值随之增大

D. y 的取值几乎不受 x 取值的影响
10. 概率的取值范围是 p （　　）
A. >1　　　　　　B. >-1　　　　　　C. <1　　　　　　D. 在 0~1 之间

二、多项选择题（每题 3 分，共 15 分）

1. "统计"的含义一般指 （　　）
   A. 统计工作　　　　　　　　　　B. 统计资料
   C. 统计分类　　　　　　　　　　D. 统计科学
   E. 统计整理
2. 下列属于连续型变量的有 （　　）
   A. 工人人数　　　　　　　　　　B. 商品销售额
   C. 商品库存额　　　　　　　　　D. 商品库存量
   E. 总产值
3. 下列指标中，属于强度相对指标的有 （　　）
   A. 人均国内生产总值　　　　　　B. 人口密度
   C. 人均钢产量　　　　　　　　　D. 每千人拥有的商业网点数
   E. 人均粮食产量
4. 定基增长速度等于 （　　）
   A. 定基发展速度－1　　　　　　 B. 环比发展速度的连乘积
   C. 环比增长速度的连乘积　　　　D. 环比增长速度加 1 后的连乘积再减 1
   E. 定基增长量除以最初水平
5. 影响抽样误差的因素有 （　　）
   A. 是有限总体还是无限总体　　　B. 是平均数还是成数
   C. 是重复抽样还是不重复抽样　　D. 总体标志变异程度大小
   E. 以上答案都对

三、判断题（每题 1 分，共 10 分）

1. 总体和总体单位的关系可能会发生变化。 （　　）
2. 某企业 2011 年计划利润比上年提高 5%，实际提高了 10%，则其计划完成程度为 200%。 （　　）
3. 权数对算术平均数的影响作用只表现为各组出现次数的多少，与各组次数占总次数的比重无关。 （　　）
4. 算术平均数的离差平方和是一个最大值。 （　　）
5. 某城市有 200 万人，有商业零售机构 10 000 个，商业网点密度的逆指标 $=\dfrac{10\,000\,\text{个}}{2\,000\,000\,\text{人}}$ $=5$（个/千人）。 （　　）
6. 我国人均国民收入按年排列的数列属于相对数时间数列。 （　　）
7. 由三个或三个以上有联系的指数所组成的数学关系式称为指数体系。 （　　）
8. 观察期内各环比增长速度的连乘积等于最末期的定基增长速度。 （　　）

9. 重复抽样误差大于不重复抽样误差。 （   ）

10. 假定变量 x 与 y 的相关系数是 0.8，变量 m 和 n 的相关系数为 -0.9，则 x 和 y 的相关密切程度更高。 （   ）

四、简答题(每题 5 分，共 15 分)

1. 统计指标和统计标志有何区别与联系？

2. 总指数有哪两种基本形式？各有什么特点？

3. $Y = a + bx$ 中，a、b 的含义各是什么？

五、计算题(每题 10 分,共 40 分)

1. 某集团所属的三家公司 2001 年工业产值计划和实际资料如下表所示(单位:万元):

公司名称	2001年				计划完成(%)	2000年实际产值	2001年比2000年增长(%)
	计划		实际				
	产值	比重(%)	产值	比重(%)			
A					97		9.3
B		31			111		
C	370		402				−0.8
合计	1 900					1 500.0	

试填入上表所缺的数字,要求写出计算过程。

2. 某地区国民生产总值(GNP)在 1998—1999 年平均每年递增 15%,2000—2002 年平均每年递增 12%,2003—2007 年平均每年递增 9%,试计算:

(1) 该地区国民生产总值这十年间的总发展速度及平均增长速度;

(2) 若 2007 年的国民生产总值为 500 亿元,以后每年增长 8%,到 2010 年可达到多少亿元?

3. 某地高校教育经费(x)与高校学生人数(y)连续六年的统计资料如下表所示：

教育经费 x(万元)	316	343	373	393	418	455
在校学生数 y(万人)	11	16	18	20	22	25

要求：

（1）建立回归直线方程；

（2）估计教育经费为500万元的在校学生数。

4. 某厂产品产量及出厂价格资料见下表：

产品名称	计量单位	产量		出厂价格（元）	
		基期	报告期	基期	报告期
甲	吨	6 000	5 000	110	100
乙	台	10 000	12 000	50	60
丙	件	40 000	41 000	20	20

请对该厂总产值变动进行因素分析。（计算结果百分数保留2位小数）

期末测试模拟试卷(二)

一、单项选择题(每题 2 分,共 20 分)

1. 在企业统计中,下列统计标志中属于数量标志的是 ( )
   A. 文化程度　　　　　　　　　　B. 职业
   C. 月工资　　　　　　　　　　　D. 行业

2. 某市进行工业企业生产设备普查,要求在 7 月 1 日至 7 月 10 日全部调查完毕,则这一时间规定是 ( )
   A. 调查时间　　　　　　　　　　B. 调查期限
   C. 标准时间　　　　　　　　　　D. 登记期限

3. 某地进行国有商业企业经营情况调查,则调查对象是 ( )
   A. 该地所有商业企业
   B. 该地所有国有商业企业
   C. 该地每一国有商业企业
   D. 该地每一商业企业

4. 某管理局对其所属企业的生产计划完成百分比采用如下分组,正确的一项是 ( )

A. 80%~89%	B. 80%以下	C. 90%以下	D. 85%以下
90%~99%	80.1%~90%	90%~100%	85%~95%
100%~109%	90.1%~100%	100%~110%	95%~105%
110%以上	100.1%~110%	110%以上	105%~115%

5. 某企业报告期产量比基期产量增长了 10%,生产费用增长了 8%,则其产品单位成本降低了 ( )
   A. 1.8%　　　　B. 2%　　　　C. 20%　　　　D. 18%

6. 某企业 2005 年职工平均工资为 5 200 元,标准差为 110 元,2006 年职工平均工资增加了 40%,标准差增大到 150 元,职工平均工资的相对变异 ( )
   A. 增大　　　　B. 减小　　　　C. 不变　　　　D. 不能比较

7. 已知某局所属 12 个工业企业的职工人数和工资总额,要求计算该局职工的平均工资,应该采用 ( )
   A. 简单算术平均法　　　　　　　B. 加权算术平均法
   C. 加权调和平均法　　　　　　　D. 几何平均法

8. 某 10 位举重运动员体重分别为:101 公斤、102 公斤、103 公斤、108 公斤、102 公斤、105 公斤、102 公斤、110 公斤、105 公斤、102 公斤,据此计算平均数,结果满足 ( )

A. 算术平均数＝中位数＝众数　　　　B. 众数＞中位数＞算术平均数
C. 中位数＞算术平均数＞众数　　　　D. 算术平均数＞中位数＞众数

9. 为了了解女性对某种品牌化妆品的购买意愿,调查者在街头随意拦截部分女性进行调查。这种调查方式是 （　）
A. 简单随机抽样　　　　　　　　　　B. 分层抽样
C. 方便抽样　　　　　　　　　　　　D. 自愿抽样

10. 已知某工厂甲产品产量和生产成本有直线关系,在这条直线上,当产量为1 000时,其生产成本为30 000元,其中不随产量变化的成本为6 000元,则成本总额对产量的回归方程是 （　）
A. $\hat{y} = 6\,000 + 24x$　　　　　　　　B. $\hat{y} = 6 + 0.24x$
C. $\hat{y} = 24\,000 + 6x$　　　　　　　　D. $\hat{y} = 24 + 6\,000x$

二、多项选择题（每题3分,共15分）

1. 下列指标属于时点指标的有 （　）
A. 人口数　　　　　　　　　　　　　B. 新出生人口
C. 商品库存量　　　　　　　　　　　D. 国民收入
E. 职工人数

2. 下列指标属于动态相对指标的有 （　）
A. 1981—1990年我国人口平均增长1.48%
B. 1990年国民生产总值为1980年的236.3%
C. 1990年国民生产总值中,第一、二、三产业分别占28.4%、44.3%、27.3%
D. 1990年国民收入为1952年的2 364.2%
E. 1990年我国国土面积为960万平方公里。

3. 测量变量离中趋势的指标有 （　）
A. 极差　　　　　　　　　　　　　　B. 平均差
C. 几何平均数　　　　　　　　　　　D. 众数
E. 标准差

4. 在各种平均指标中,不受极端数值影响的平均指标是 （　）
A. 算术平均数　　　　　　　　　　　B. 调和平均数
C. 几何平均数　　　　　　　　　　　D. 中位数
E. 众数

5. 下列属于正相关的现象是 （　）
A. 家庭收入越多,其消费支出也越多
B. 某产品产量随工人劳动生产率的提高而增加
C. 流通费用率随商品销售额的增加而减少
D. 生产单位产品所耗工时随劳动生产率的提高而减少
E. 学校随着学生数量的增加而增加

三、判断题（每题1分,共10分）

1. 三个同学的成绩不同,因此存在三个变量。 （　）

2. "性别"是品质标志。   （   ）
3. 全面调查仅限于有限总体。   （   ）
4. 组中值与各组的实际平均水平有一定差距,它只是各组实际平均值的近似代表值,因此,用组中值计算总平均值,只是近似值。   （   ）
5. 标准差系数是标准差与均值之比。   （   ）
6. 发展水平就是动态数列中的每一项具体指标数值,它只能表现为绝对数。   （   ）
7. 若各期的增长量相等,则各期的环比增长速度也相等。   （   ）
8. 区间估计就是直接用样本统计量代表总体参数。   （   ）
9. 平均发展速度是增长量与基期水平的比值。   （   ）
10. 相关分析中的两个变量是随机变量。   （   ）

四、简答题(每题 5 分,共 15 分)

1. 怎样理解统计的三种含义?

2. 简述结构相对指标、强度相对指标和比例相对指标的关系。

3. 什么是同度量因素？有什么作用？

五、计算题(每题10分,共40分)

1. 现有甲、乙两国钢产量和人口资料如下:

	甲 国		乙 国	
	2000年	2001年	2000年	2001年
钢产量(万吨)	3 000	3 300	5 000	5 250
年平均人口数(万人)	6 000	6 000	7 143	7 192

试通过计算动态相对指标、强度相对指标和比较相对指标来简单分析甲、乙两国钢产量的发展情况。

2. 某企业1~7月份的总产值和工人人数资料如下:

月 份	1	2	3	4	5	6	7
总产值(万元)	4 000	4 040	4 050	4 080	4 070	4 090	4 100
月初工人数(人)	724	716	682	694	670	670	660

要求:计算该企业上半年月均劳动生产率。

3. 已知某企业连续 6 年的产量 x(千件)和单位产品成本 y(元)的资料如下：
$\sum x = 48, \sum y = 404, \sum x^2 = 400, \sum y^2 = 27\,226, \sum xy = 3\,214$
要求：
(1) 计算相关系数；
(2) 建立回归直线方程；
(3) 解释回归系数的意义；
(4) 预测当产量为 7 000 件时单位产品成本。

4. 一个电视节目主持人想了解观众对某个电视专题的喜欢程度，他选取了 500 个观众作为样本(重复抽样)，结果发现喜欢该节目的有 175 人。试以 95% 的概率估计观众喜欢这一专题节目的区间范围。

概率度 t	概率 $F(t)$
1.96	0.95
2.58	0.99

统计学基础习题答案

项目一 统计概述

一、填空题

1. 基本理论 基本方法
2. 统计活动与统计结果 理论与实践
3. 信息 咨询 监督
4. 数量 总体性 数量性 社会性
5. 离散变量 连续变量
6. 总体 总体单位 标志
7. 数量标志 品质标志 品质标志 数量标志 总体 数量指标 质量指标
8. 统计设计 统计调查 统计整理 统计分析
9. 总体单位 总体
10. 名称 数值

二、判断题

1. × 2. √ 3. × 4. × 5. √ 6. × 7. × 8. √ 9. √ 10. √

三、单项选择题

1. A 2. D 3. B 4. D 5. B 6. B 7. B 8. A 9. C 10. D 11. B 12. D 13. D 14. A 15. D

四、多项选择题

1. ABCE 2. BCDE 3. ABE 4. BCE 5. ABCDE 6. AB 7. ACD 8. BDE 9. ACD 10. BC 11. ABE 12. ABCD 13. ADE 14. ABC 15. BCDE

五、简答题

1. 统计的三种含义是：(1)统计工作即统计实践，它是对社会自然现象客观存在的现实数量方面进行搜集、整理和分析的过程。(2)统计资料是指统计实践活动过程所取得的各项数字资料以及与之相关的其他实际资料的总称。(3)统计学是一门系统地论述统计理论和方法的科学，是对统计实践活动的经验总结和理论概括，是研究社会经济和自然现象的数量方面的方法论科学。

三者的联系：(1)统计工作与统计资料是过程与结果的关系；(2)统计工作与统计学是实践与理论的关系。

2. 客观存在的、具有某种共同性质的许多个别事物构成的整体,就是统计总体,简称总体。构成总体的个别单位或个别事物称为总体单位。

例如,我们要研究某班的统计学学习成绩情况,则该班所有学生构成总体,而每一名学生就是一个总体单位。

例如,要研究某工业企业职工的工资水平,则该工业企业的全部职工构成总体,而每一个职工就是一个总体单位。

例如,我们想了解某厂的企业设备,则该厂的所有企业设备构成了全体,而每一台企业设备就是一个总体单位。

3. 品质标志与数量标志的区别

标　　志		标志表现(标志值)
品质标志	姓名	李涛涛
	性别	女
	国籍	中国
	政治身份	中共党员
		文字表达
数量标志	身高	168 cm
	体重	67 kg
	年龄	25 岁
		数值表达

4. 两者的区别在于:

(1) 两者说明的对象不同。指标是说明总体特征的,而标志是说明总体单位特征的。

(2) 两者的表现形式不同。指标都是用数值表示的,而标志中的品质标志只能用文字表示。

两者的联系在于:

(1) 标志是计算指标的基础,如一个班级的统计总成绩是根据每个学生的统计成绩汇总得来的。

(2) 指标与数量标志之间存在变换关系,由于研究目的的不同,原来的统计总体如果变成总体单位,则相对应的统计指标也就变成数量标志。

项目二　统计调查

一、填空题

1. 调查单位　2. 随机原则　数量方面　3. 单一表　一览表　4. 统计报表法　5. 一次性全面调查　6. 所有从业人员　每个从业人员　7. 重点调查　8. 抽样调查　9. 调查资料　10. 重点调查

二、判断题

1. √　2. √　3. ×　4. ×　5. ×　6. √　7. ×　8. ×　9. ×　10. ×

三、单项选择题

1. B　2. D　3. B　4. A　5. A　6. B　7. B　8. D　9. B　10. B　11. C　12. A

13．D　14．B　15．C

四、多项选择题

1．CDE　2．ABDE　3．ABCD　4．ABDE　5．BDE　6．ABCDE　7．CD　8．ABCE　9．ABC　10．BD　11．ABC　12．ABE　13．BE　14．BCDE　15．ABC

五、简答题

1．统计调查就是数据资料的搜集，它是根据统计研究的目的和任务，采用科学的调查方法，有组织、有计划、有步骤地搜集各种原始资料或次级资料的工作过程。

统计调查是整个统计工作过程的基础环节，也是统计整理和分析的基础或前提。首先，通过统计调查，搜集所需的资料，是认识事物的起点，没有统计调查，统计工作就成了无本之木；其次，统计调查搜集资料的质量如何，直接影响着统计工作的质量。

2．普查是专门组织的，一般用来调查属于一定时点上社会经济现象数量的全面调查。普查和统计报表同属于全面调查，但两者不能互相替代。统计报表不可能像普查那样有详尽的全面资料，与定期报表相比较普查所包括的单位、分组目录以及指标内容要广泛详细、规模宏大，解决报表不能解决的问题，但是，要耗费较大的人力、物力和时间，从而不可能经常进行。

3．统计调查方案的主要内容有：(1)明确调查目的；(2)确定调查对象和调查单位；(3)确定调查项目和设计调查表；(4)确定调查时间和调查期限；(5)调查工作的组织实施。

4．在问卷设计中，为保证问卷的回收率及调查质量，应注意以下几个方面：

(1) 问卷中问题的表述要客观、准确、具体，避免抽象、笼统和有多重含义，不能带诱导性和倾向性。例如，"您认为今年市场供应和物价怎样？"这种提问既太笼统又同时在一个问题中涉及两件事，存在多重含义，使被调查者难以回答。

(2) 凡容易引起被调查者反感而不能获得真实答案的项目，不要列入问卷。

(3) 问卷中所设计的一系列问题，要讲究排列顺序，一般先易后难，而且符合逻辑性，以给被调查者一种轻松、方便、流畅的感觉，从而顺利完成调查工作。

(4) 要考虑到调查对象在生活环境、文化修养、价值观念、回答能力等方面存在的差异。

项目三　统计整理

一、填空题

1．承前启后　统计调查　统计分析

2．手工汇总　电子计算机汇总

3．正确选择分组标志

4．品质标志　数量标志

5．单项式　组距式

6．重合　不重合

7．32　36

8．35　32.5

9．各组名称　各组所占单位数

10．统计表　统计图

二、判断题

1．×　2．×　3．√　4．×　5．√　6．√　7．√　8．×　9．×　10．×

三、单项选择题

1. B 2. C 3. B 4. D 5. D 6. A 7. B 8. D 9. B 10. A 11. C 12. D 13. C 14. A 15. C

四、多项选择题

1. ABE 2. ABCD 3. BCD 4. ADE 5. AD 6. AD 7. ABC 8. DE 9. BCD 10. CD 11. ADE 12. ABCDE 13. BDE 14. BCE 15. ABCD

五、简答题

1. 统计整理的步骤主要有：(1)设计统计整理方案；(2)对数据进行审核、筛选、排序；(3)对数据进行处理(分组和汇总)；(4)要用适当的形式(统计图、表)显示数据；(5)进行数据积累和保管。

2. 分组标志是在统计分组时所采用的标志，是统计分组的标准和依据。

选择分组标志的要求有：(1)必须根据统计研究目的选择分组标志；(2)必须选择能够反映现象本质特征的标志；(3)要结合现象所处的具体历史条件选择分组标志。

3. (1)将数据从小到大进行排列；(2)计算全距；(3)确定组距或组数；(4)确定组限；(5)编制变量数列以及频数(频率)分布表。

六、计算题

1. 编制分布数列

$R = \max(x_i) - \min(x_i) = 92 - 60 = 32$

第1步，求全距。

第2步，确定组数为7组。

第3步，确定组距。

$d = 32/7 = 4.57 \approx 5$

第4步，确定组限。以60为最小组的下限，其他组限利用组距依次确定。

第5步，编制频数分布表。

结果见下表：

按销售额分组(个)	频数(人)	频率(%)
60～65	3	8.33
65～70	4	11.11
70～75	5	13.89
75～80	10	27.78
80～85	5	13.89
85～90	5	13.89
90～95	4	11.11
合 计	36	100.00

2. (1)"学生考试成绩"为连续变量，需采用组距式分组，同时学生考试成绩变动均匀，故可用等距式分组来编制变量分配数列。

考试成绩	学生人数(人)	比率(%)
60 分以下	3	7.5
60～70	6	15.0
70～80	15	37.5
80～90	12	30.0
90～100	4	10.0
合计	40	100.0

(2) 分组标志为考试成绩,属于数量标志,简单分组。从分配数列中可以看出,该班同学不及格人数和优秀生的人数都较少,分别为 7.5% 和 10%。大部分同学成绩集中在 70～90 分之间,说明该班同学成绩总体良好。

3. 将原始资料按其数值大小重新排列。

63 67 78 84 85 85 87 88 88 94
94 96 97 97 97 98 101 102 103 103
103 105 105 105 106 107 107 110 112 113
115 115 115 115 116 117 118 120 121 122
125 125 127 130 130 131 135 143 145 145

按日产量额分组(件)	工人数		向上累计		向下累计	
	频数	频率(%)	频数	频率(%)	频数	频率(%)
60～70	2	4	2	4	50	100
70～80	1	2	3	6	48	96
80～90	6	12	9	18	47	94
90～100	7	14	16	32	41	82
100～110	11	22	27	54	34	68
110～120	10	20	37	74	23	46
120～130	6	12	43	86	13	26
130 以上	7	14	50	100	7	14
	50	100	—	—	—	—

4. 分析:"工人看管机器台数"是离散型变量,变量值变动范围很小,变量值项数也很少,应编制单项变量数列。

编制结果如下:

看管机器台数	工人数	工人数的比重(%)
2	6	22
3	7	26

续表

看管机器台数	工人数	工人数的比重(%)
4	11	41
5	2	7
6	1	4
合计	27	100

项目四 统计指标

一、填空题

1. 时点指标 时期指标

2. 可比性

3. 无名数 有名数

4. 比例

5. 94.9%

6. 集中趋势

7. 加权算术平均法 加权调和平均法

8. 众数 中位数

9. 各组变量值 频数或频率

10. 极差 平均差 标准差 变异系数

二、判断题

1. ✗ 2. ✓ 3. ✓ 4. ✗ 5. ✗ 6. ✗ 7. ✗ 8. ✗ 9. ✗ 10. ✗ 11. ✓ 12. ✓ 13. ✓ 14. ✓ 15. ✗ 16. ✗ 17. ✗ 18. ✓ 19. ✗ 20. ✗

三、单项选择题

1. D 2. C 3. C 4. A 5. C 6. D 7. B 8. C 9. D 10. C 11. D 12. A 13. B 14. A 15. D 16. C 17. D 18. D 19. A 20. A

四、多项选择题

1. ABD 2. ABE 3. ABCDE 4. ACE 5. CDE 6. BCD 7. DE 8. ABE 9. BDE 10. AE 11. ABC 12. ACE 13. CE 14. BE 15. CD 16. ABC 17. AC 18. ACE 19. ABCDE 20. BCDE

五、简答题

1. 时期指标是反映社会经济现象总体在一段时期内活动过程的总量指标,它反映的是一段时间连续发生的变化过程。

时期指标有以下三个特点:

(1)时期指标具有可加性,相加后有实际意义,可以说明社会经济总体在较长的时期所发生的变化。

(2)时期指标数值的大小与时期长短有直接关系。一般而言,时期越长,指标数值越大。

(3) 时期指标的数值是连续不断的累计数,通过连续调查取得。

时点指标是反映经济现象总体在某一时点、某一瞬间状况下的总量指标。

时点指标与时期指标之间有着明显不同的特点:

(1) 时点指标数值不可以相加,直接相加没有实际意义。

(2) 时点指标的数值大小与时间间隔长短没有直接关系。

(3) 时点指标数值只能间断计数,它只是一次性调查得到。

2. 相对指标按其作用和计算方法不同可以分为结构相对指标、比例相对指标、比较相对指标、强度相对指标、动态相对指标和计划完成程度相对指标六大类。

3. 平均数只能运用于同质总体;将组平均数与总平均数结合起来应用;用分布数列补充说明平均数。

4. (1) 概念不同。强度相对数是两个有联系而性质不同的总体对比而形成相对数指标,有正逆指标之分。平均数是反映同质总体单位标志值一般水平的指标。

(2) 主要作用不同。强度相对数反映两个不同总体现象形成的密度、强度。平均数反映同一现象在同一总体中的一般水平。

(3) 计算公式及内容不同。平均数分子、分母分别是同一总体的标志总量和总体单位数,分子、分母的元素具有一一对应的关系,即分母每一个总体单位都在分子可找到与之对应的标志值,反之,分子每一个标志值都可以在分母中找到与之对应的总体单位。而强度相对数是两个总体现象之比,分子分母没有一一对应关系。

5. 变异指标,是反映总体各单位标志值的差异或离散程度的统计指标,又称为标志变动度。

作用:变异指标反映总体数据分布的离中趋势;变异指标是平均数代表性的依据;变异指标可以用于说明社会经济现象的稳定性和均衡性;标志变异指标是确定必要抽样单位数和计算抽样误差的必要依据。

六、计算题

1. 依题意可将有关的相对指标计算列表如下:

指　　标	2000 年	2010 年
人口总数(人)	101 654	114 333
男性人口	52 352	58 904
女性人口	49 320	55 429
(1)男性人口占总人口比重(%)	51.5	51.52
(2)女性人口占总人口比重(%)	48.5	48.48
(3)性别比例	1.06∶1	1.06∶1
(4)人口密度(人/平方公里)	92	104
(5)人口增长率(%)	—	12.47

在所计算的相对指标中,(1)、(2)均为结构相对指标,(3)为比例相对指标,(4)为强度相对指标,(5)为动态相对指标。

2. 依题意可得:

(1) 2014年单位成本计划数=1 000×(1−5%)=950(元)　2014年单位成本实际数=1 000×(1−6%)=940(元)

(2) 2014年降低成本计划完成程度=实际单位成本/计划单位成本＝940/950×100%=98.95%

3. 根据表中资料计算：

计划完成程度 $= \dfrac{23+27+29+31+6+7+8+9}{110} \times 100\% = \dfrac{140}{110} \times 100\% = 127.3\%$

该市超额完成计划投资额的27.3%，超额完成的投资额为30亿元，提前了1年完成计划。

4. 根据表中资料计算：

计划完成程度 $= \dfrac{25+26+27+28}{100} \times 100\% = \dfrac{106}{100} \times 100\% = 106\%$

计算表明，该企业最后一年超额6%完成计划任务，提前完成计划的时间为：按连续一年的时间计算，从第四年的第三季度至第五年的第二季度实际完成100万吨，达到计划规定最后一年应完成的产量，因此提前半年完成五年计划。

5. 依题意可得：

$\bar{x} = \dfrac{\sum xf}{\sum f} = 45\,100/700 = 64.43(件/人)$

6. $\bar{x}_H = \dfrac{m_1+m_2+\cdots+m_n}{\dfrac{m_1}{x_1}+\dfrac{m_2}{x_2}+\cdots+\dfrac{m_n}{x_n}} = \dfrac{63\,700}{\dfrac{16\,000}{200}+\dfrac{19\,000}{190}+\dfrac{28\,700}{205}} = 199.06(元/吨)$

7. $G = \sqrt[\sum f]{x_1^{f_1} \cdot x_2^{f_2} \cdot x_3^{f_3} \cdots x_n^{f_n}}$

平均年利率 $= \sqrt[25]{(1+5\%)^2 \times (1+6.5\%)^5 \times (1+8\%)^6 \times (1+10\%)^8 \times (1+10\%)^8 \times (1+14\%)^4} - 1$
$= 9.03\%$

8. 算术平均数：

$\bar{x} = \dfrac{\sum xf}{\sum f} = \dfrac{50.5\times 24+53.5\times 25+56.5\times 38+59.5\times 21+62.5\times 17}{125} = 56.068$

中位数：

$M_e = L + \dfrac{\dfrac{\sum f}{2} - S_{m-1}}{f_m} \cdot i = 55 + \dfrac{\dfrac{125}{2} - 49}{38} \times 3 = 56.07$

众数：

$M_o = L + \dfrac{\Delta_1}{\Delta_1 + \Delta_2} \cdot i = 55 + \dfrac{13}{13+17} \times 3 = 56.3$

9. $\bar{x}_甲 = \dfrac{\sum xf}{\sum f} = \dfrac{6\,690}{86} = 77.8(分) \qquad \bar{x}_乙 = 78(分)$

$$\sigma_{甲} = \sqrt{\frac{\sum(x-\bar{x})f}{\sum f}} = 10.3(分) \qquad \sigma_{乙} = 12(分)$$

$$V_{甲} = \frac{\sigma_{甲}}{\bar{x}_{甲}} = \frac{10.3}{77.8} = 13.2\% \qquad V_{乙} = \frac{\sigma_{乙}}{\bar{x}_{乙}} = \frac{12}{78} = 15.4\%$$

因为甲班的标准差系数较小,所以其平均分数的代表性比乙班高。

期中测试模拟试卷

一、填空题(每题1分,共10分)

1. 统计学
2. 重点调查
3. 统计调查
4. 230
5. 94.9%
6. 离中趋势
7. 随机原则
8. 出现次数最多
9. 中间位置
10. 正确选择分组标志

二、判断题(每题1分,共10分)

1. ✕ 2. ✕ 3. ✓ 4. ✕ 5. ✓ 6. ✓ 7. ✕ 8. ✓ 9. ✓ 10. ✕

三、单项选择题(每题2分,共20分)

1. B 2. B 3. A 4. B 5. C 6. B 7. C 8. B 9. D 10. D

四、多项选择题(每题3分,共15分)

1—5 BCDE BCE ABD BE BE

五、简答题(每题5分,共10分)

1. 客观存在的、具有某种共同性质的许多个别事物构成的整体,就是统计总体,简称总体。构成总体的个别单位或个别事物称为总体单位。

例如,我们要研究某班的统计学学习成绩情况,则该班所有学生构成总体,而每一名学生就是一个总体单位。

例如,要研究某工业企业职工的工资水平,则该工业企业的全部职工构成总体,而每一个职工就是一个总体单位。

例如,我们想了解某厂的企业设备,则该厂的所有企业设备构成了全体,而每一台企业设备就是一个总体单位。

2. 定义:平均指标又称平均数,是最常用的统计指标之一,说明同质总体内某一数量标志在一定历史条件下达到的一般水平,反映数量分布的集中趋势。

作用:(1)平均指标可以用于同类现象在不同空间和不同时间条件下的对比。(2)平均指标可以用于分析现象之间的依存关系。(3)平均指标可以用于统计推断。

六. 计算题(第1题5分,第2~4题每题10分,共35分)

1. 计划完成程度 $= \dfrac{1+15\%}{1+10\%} \times 100\% = 104.5\%$

2. 乙班平均成绩 $\bar{x} = \dfrac{55 \times 2 + 65 \times 6 + 75 \times 25 + 85 \times 12 + 95 \times 5}{50} = 77.4$

乙班成绩的标准差=

$\sqrt{\dfrac{(55-77.4)^2 \times 2 + (65-77.4)^2 \times 6 + (75-77.4)^2 \times 25 + (85-77.4)^2 \times 12 + (95-77.4)^2 \times 5}{50}} = 9.29$

乙班成绩的标准差系数为 $\nu_Z = \dfrac{9.29}{77.4} = 0.12$

甲班成绩的标准差系数为 $\nu_甲 = \dfrac{9}{70} = 0.1286$,因为 $0.1286 > 0.12$,所以乙班的平均成绩更有代表性。

3. 经计算得到下表:

按计划完成程度分组(%)	企业数(个)	向上累计
100 以下	6	6
100~110	16	22
110~120	37	59
120~130	20	79
130~140	14	93
140 以上	7	100
合计	100	

$100/2=50$,中位数在 110~120 这组,众数也在 110~120 这组。

$$M_o = L + \dfrac{\Delta_1}{\Delta_1 + \Delta_2} \times i = 110 + \dfrac{11}{11+17} \times 10 = 113.93$$

中位数:$M_e = L + \dfrac{\dfrac{\sum f}{2} - S_{m-1}}{f_m} \times i = 110 + \dfrac{\dfrac{100}{2} - 22}{37} \times 10 = 117.57$

4. (1)

按工人数分组	企业数(频数)	各组企业数所占比重(%)(频率)
200~300	3	10
300~400	5	16.7
400~500	9	30
500~600	7	23.3

续表

按工人数分组	企业数(频数)	各组企业数所占比重(%)(频率)
600~700	3	10
700~800	3	10
合计	30	100

(2)

向下累计				向上累计			
工人数	频数	累计频数(%)	累计频率(%)	工人数	频数	累计频数(%)	累计频率(%)
200~300	3	3	10	200~300	3	30	100
300~400	5	8	26.7	300~400	5	27	90
400~500	9	17	56.7	400~500	9	22	73.3
500~600	7	24	80	500~600	7	13	43.3
600~700	3	27	90	600~700	3	6	20
700~800	3	30	100	700~800	3	3	10
合计	30	—	—	合计	30	—	—

项目五 时间数列

一、填空题

1. 时间　指标数值
2. 相对数时间数列　平均数时间数列
3. 时期数列　时点数列
4. 水平法　累计法
5. 长期趋势　季节变动　循环变动
6. 最小二乘法
7. 平均增长速度＝平均发展速度－1
8. 定基发展速度
9. 500 件　14.3%

二、判断题

1. × 2. √ 3. √ 4. × 5. √ 6. × 7. × 8. √ 9. × 10. ×

三、单项选择题

1. B 2. B 3. D 4. B 5. C 6. B 7. A 8. D 9. A 10. B 11. A 12. B 13. B 14. D 15. B 16. A 17. A 18. B 19. B 20. A

四、多项选择题

1. BE 2. BCD 3. ABC 4. AC 5. ACDE 6. ACD 7. ABCE 8. AE 9. ACD 10. CD

五、简答题

1. 共同点：它们都属于绝对数时间数列。

不同点：(1)时期数列中各时间上的指标值可以直接相加，相加的结果反映现象在更长时间内的总量水平；而时点数列中各时间上的指标值直接相加是没有实际意义的。(2)时期数列的指标数值大小与所属时期长短有直接关系，对于指标值非负的时期数列，其时期长度越长指标数值越大，反之则越小；而时点数列的指标值大小与时点间隔无直接关系，如年末人口数就不一定比季末人口数大。(3)时期数列中各指标值表明了现象在一段时间内发展变化的总量；而时点数列中各指标值表明了现象在某一时刻上的总量水平。

2. 平均增长速度是反映现象在一定时期内逐期平均增长程度的指标，它与平均发展速度的关系是：

平均增长速度＝平均发展速度－1

3. 测定季节变动要剔除长期趋势影响的原因是：(1)由于长期趋势影响月(季)平均数，时间数列中后期各月平均数会比前期各月平均数产生较大影响；(2)月(季)平均数包含着长期趋势的季节变动，就需先剔除长期趋势再测定季节变动。

六、计算题

1. $\bar{c} = \dfrac{\bar{a}}{\bar{b}} = \dfrac{\sum a/n}{(b_0/2+b_1+b_2+\cdots\cdots+b_{n-1}+b_n/2)/n}$

$= \dfrac{(90+124+164)/3}{\left(\dfrac{58}{2}+60+64+\dfrac{66}{2}\right)/3} = \dfrac{378}{186} = 2.032\ 2(万元)$

2. 该企业 4 月份平均工人数为：

$\bar{y} = \dfrac{\sum yf}{\sum f}$

$= \dfrac{1\ 210\times 10 + 1\ 240\times 5 + 1\ 300\times 15}{30} = \dfrac{37\ 800}{130} = 1\ 260(人)$

3. $\bar{c} = \dfrac{\bar{a}}{\bar{b}} = \dfrac{\left(\dfrac{1\ 400}{2}+1\ 408+1\ 479+1\ 520+\dfrac{1\ 536}{2}\right)/4}{\left(\dfrac{250}{2}+256+255+304+\dfrac{320}{2}\right)/4} = 5.3(人)$

4. 见表中数据

年　　度		2010 年	2011 年	2012 年	2013 年	2014 年	2015 年
发展水平		285	327.5	391.2	413.82	562.8	580.8
增长量 (万元)	累计	—	42.5	106.2	128.82	277.8	295.8
	逐期	—	42.5	63.7	22.62	148.98	18
发展速度 (%)	定基	100	114.91	137.26	145.2	197.47	203.79
	环比	—	114.91	119.45	105.78	136.0	103.2

续表

年　　度		2010年	2011年	2012年	2013年	2014年	2015年
增长速度(%)	定基	—	14.91	37.26	45.2	97.47	103.79
	环比	—	14.91	19.45	5.78	36.0	3.2
增长1%的绝对值		—	2.85	3.28	3.91	4.14	5.63

平均发展水平 $= \dfrac{285+327.5+391.2+413.82+562.8+580.8}{6} = 426.85$(万元)

平均增长量 $= \dfrac{42.5+63.7+22.62+148.98+18}{5} = 59.16$(万元)

平均发展速度 $= \sqrt[5]{2.0379} = 115.3\%$

平均增长速度 $= 115.3\% - 1 = 15.3\%$

5. 2013年该市第三产业产值为：

$\dfrac{1\ 200}{1+20\%} \times (1+18\%) = 1\ 180$(万元)

6. 该公司1999—2004年期间销售额年平均增长速度为：

$\sqrt[5]{316\%} - 1 = 25.87\%$

年平均增长量为：

$(2\ 400 \times 316\% - 2\ 400) \div 5 = 1\ 036.8$(万元)

7. (1)

月　份	1月	2月	3月	4月	5月	6月	7月
月初工人数	500	510	514	526	540	558	570
月平均工人数	505	512	520	533	549	564	577

(2) 第一季度平均工人数 $\bar{a}_1 = \left(\dfrac{500}{2} + 510 + 514 + \dfrac{526}{2}\right)/3 = 512$(人)

第二季度平均工人数 $\bar{a}_2 = \left(\dfrac{526}{2} + 540 + 558 + \dfrac{570}{2}\right)/3 = 549$(人)

上半年的平均工人数 $\bar{a}_3 = \dfrac{512+549}{2} = 531$(人)

项目六　统计指数

一、填空题

1. 个体指数　总指数
2. 综合指数　平均数指数
3. 数量指标指数　质量指标指数
4. 媒介　权数
5. 报告　数量　基期　质量
6. 个体指数　综合指数　加权算术平均数指数　加权调和平均数指数

7. 基期总量　数量　报告期总量　质量

8. 固定权数加权算术平均数指数　$\bar{K}=\dfrac{\sum kW}{\sum W}$

9. 20.75%

10. 乘积　和

二、判断题

1. ×　2. √　3. √　4. √　5. √　6. √　7. ×　8. ×　9. ×　10. √

三、单项选择题

1. B　2. A　3. D　4. B　5. B　6. D　7. D　8. A　9. A　10. C　11. C　12. A

四、多项选择题

1. ABE　2. CD　3. ADE　4. CE　5. ABCDE　6. ABDE　7. AB　8. ACDE　9. BE　10. BCE

五、计算题

1.（1）甲、乙、丙的个体价格指数分别为80%、105%、100%

甲、乙、丙的个体产量指数分别为125%、120%、120%

（2）产量总指数=121.82%，由于产量变动增加的产值为120万元

（3）价格总指数=95.22%，由于价格变动减少的产值为32万元

2.（1）物价总指数=103.90%

（2）销售量总指数=113.23%

（3）总销售额总共增加450万元，其中由于物价变化增加113万元，由于销量变化增加337万元

3.（1）销售额指数=172.84%

（2）销量指数=144.8%，价格指数=119.3%

（3）由于价格提高使销售额增加272 000元，由于销量增加使销售额增加436 000元

4.（1）产量总指数=114.17%

（2）物价总指数=97.32%

（3）由于物价变动所引起的总产值的减少额为22万元

5.（1）物价总指数=98.6%，由于物价变动使销售额减少2万元

（2）销售量总指数=103.57%，由于销售量的变动使销售额增长5万元

6. 平均工资指数=105.41%，总平均工资增长52.3元

固定组成指数=105.26%，由于各组工资水平的变动使平均工资增长50.86元

结构影响指数=100.15%，由于各组人数的变动使平均工资增长1.44元

项目七　抽样推断

一、填空题

1. 重复抽样　不重复抽样

2. 为原来的 4 倍　为原来的四分之一
3. 点估计和区间估计
4. 抽样误差　可能范围　可靠性
5. 计算　控制
6. 样本指标　允许误差范围　置信度
7. 总体均值　方差　成数
8. 样本　n　统计量
9. 正比　反比　增加
10. 抽样方法　抽样组织形式　被研究标志变异程度　置信度

二、判断题

1. ×　2. ×　3. √　4. √　5. ×　6. ×　7. √　8. ×　9. ×　10. √

三、单项选择题

1. C　2. B　3. A　4. D　5. C　6. D　7. D　8. D　9. A　10. D　11. A　12. A　13. B

四、多项选择题

1. ADE　2. AD　3. BCD　4. BCE　5. ACDE　6. ABCDE　7. CDE　8. ABDE　9. BCDE

五、计算题

1. 平均产量的可能范围为(299.15,300.85)

总产量的可能范围为(1 196 600,1 200 600)

2. 这种产品合格率的可能范围为(94.6%,99.4%)

3. 该地区职工家庭平均收入的可能范围为(4 049,4 617)

4. (1) 在 68.27% 的概率保证下这批灯泡平均寿命的可能范围为(3 598.586,3 601.414)

(2) 应抽 200 只才能满足要求

5. (1) 这批旅游鞋的平均耐穿时间的可能范围为(372,380)

(2) 这批旅游鞋的合格率的可能范围为(76.4%,83.6%)

6. (1) 点估计方法下,总产量为 390 万公斤

(2) 平均亩产量的可能范围为(648.27,651.73)

(3) 总产量的可能范围为(3 889 620,3 910 380)

项目八　相关分析和回归分析

一、填空题

1. 函数关系　相关关系
2. 完全相关　不完全相关　完全不相关
3. 正相关　负相关
4. 线性相关　非线性相关
5. 散点图　计算相关系数

6. －1～＋1　正相关　负相关

7. 回归　相关

8. 关系值不固定　函数关系

9. 简单线性回归分析

10. 相关分析　相关系数　回归分析

二、判断题

1. ×　2. ×　3. ×　4. ×　5. ×　6. ×　7. ×　8. ✓　9. ✓　10. ✓

三、单项选择题

1. B　2. B　3. C　4. A　5. B　6. D　7. C　8. D　9. A　10. B　11. A　12. C　13. B

四、多项选择题

1. AC　2. ABE　3. ADE　4. BCDE　5. ABCD　6. BD　7. AC　8. ABE　9. ABE　10. ACE　11. CD　12. ACD

五、计算题

1. (1) $y = 441.01 + 0.799x$

(2) 当固定资产价值为 1 200 万元时，总产值为 1 399.81 万元

2. (1) $y = 79.1 - 2.32x$

(2) 产量为 8 000 件时，单位成本为 60.54 元/件

3. (1) 两者之间是正相关关系

(2) $y = 1.67 + 0.787x$

4. (1) $y = 25 - 0.303x$

(2) 估计标准误为 0.60

5. (1) $y = 23.4 + 8.84x$

(2) 当使用年限为 6 年时，维修费用平均为 76 元

(3) 略

6. (1) 两者之间是正相关关系

(2) $y = -0.6 + 0.005x$

(3) 当人均收入为 5 000 元时，预计销售额为 2.44 亿元

7. $y = 897 + 88.8t$，b 表示固定资产投资额平均每年增长 88.8 亿元

预计 2006 年的固定资产投资额为 1 874 亿元

8. (1) 两者之间是正相关关系

(2) $y = -15.98 + 0.785x$

项目九　Excel 在统计中的应用

1. (1) 按照性别分组：

性别	职工人数（人）	比重（%）
男	17	56.7
女	13	43.3
合计	30	100.0

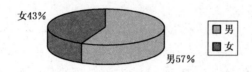

（2）编制变量数列：

月工资（元）	人数（人）	比重（%）	向上累积人数（人）	向上累积比重（%）	向下累积人数（人）	向下累积比重（%）
1 400～1 600	6	20.0	6	20	30	100
1 600～1 800	8	26.7	14	46.7	24	80
1 800～2 000	10	33.3	24	80	16	53.3
2 000～2 200	3	10.0	27	90	6	20
2 200～2 400	3	10.0	30	100	3	10
合　计	30	100.0				

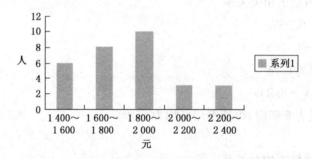

2. 计算结果为：

众数＝362

中位数＝372

算术平均数＝372.95

全距＝392

标准差＝91.18

标准差系数＝0.24

3. 直线及方程如下：

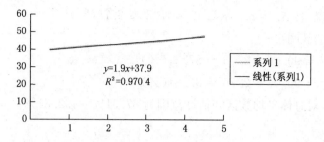

若要预测 2015 年的销售额,将 $t=6$ 代入趋势方程:
$y_{2015} = 37.9 + 1.9 \times 6 = 49.3$(万元)

4. 计算结果如下:

产品名称	计量单位	销售量		价格(元)		销售额(元)		
		q_0	q_1	p_0	p_1	$p_0 q_0$	$p_0 q_1$	$p_1 q_1$
甲	千克	200	220	4.0	4.5	800	880	990
乙	双	800	600	10	9	8 000	6 000	5 400
丙	件	500	510	24	26	12 000	12 240	13 260
合计	—	—	—	—	—	20 800	19 120	19 650

销售额总指数:$\overline{K}_{pq} = \dfrac{\sum p_1 q_1}{\sum p_0 q_0} = \dfrac{19\ 650}{20\ 800} = 94.47\%$

销售量总指数:$\overline{K}_q = \dfrac{\sum p_0 q_1}{\sum p_0 q_0} = \dfrac{19\ 120}{20\ 800} = 91.92\%$

价格总指数:$\overline{K}_p = \dfrac{\sum p_1 q_1}{\sum p_0 q_1} = \dfrac{19\ 650}{19\ 120} = 102.77\%$

5. 输出结果如下:

计算抽样极限误差：$\Delta_{\bar{x}} = t\mu_{\bar{x}} = 2.41 \times 1.14 \approx 2.75(\%)$

计算总体指标的区间：

下限 $= \bar{x} - \Delta_{\bar{x}} = 90.06 - 2.75 = 87.31(\%)$

上限 $= \bar{x} + \Delta_{\bar{x}} = 90.06 + 2.75 = 92.81(\%)$

计算结果表明，对总体平均数区间估计范围为 87.31% ～ 92.81%。

6. 相关图如下：

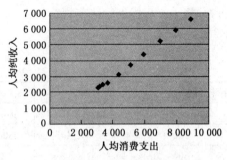

收入与消费的相关图

回归方程为 $y_c = -85.6 + 0.755x$。

期末测试模拟试卷（一）

一、单项选择题（每题2分，共20分）

1. D 2. B 3. A 4. A 5. B 6. B 7. B 8. C 9. C 10. D

二、多项选择题（每题3分，共15分）

1. ABD 2. BE 3. ABCDE 4. ADE 5. CD

三、判断题（每题1分，共10分）

1. √ 2. × 3. × 4. × 5. × 6. √ 7. √ 8. × 9. √ 10. ×

四、简答题（每题5分，共15分）

1. 联系：统计指标是建立在标志值的基础上的，它是各个总体单位数量值的加总。统计指标与统计标志之间存在着相互转换关系。

区别：(1)统计指标是说明统计总体的，统计标志是说明总体单位的；(2)统计指标都是用数量表示的，而统计标志可以用数量表示，也可以不用数量表示；(3)统计指标是由多个个体现象的数量综合的结果，而统计标志是未经任何综合只代表某一个体现象。

2. 总指数的两种基本形式是综合指数和平均指数。综合指数的特点是先综合，后对比。其编制要点是：将不能直接加总所研究的现象，通过同度量因素的加入，过渡到能够加总综合的价值指标；用来对比的两个时期的价值指标中，所加入的同度量因素必须令其固定在一个时期的水平上，以此对比得出的总指数就是所研究现象综合变动的程度。

平均指数的特点是先计算出各个项目的个体指数，然后再对这些个体指数进行加权以求得总指数。

3. 答:a,代表直线的起点值;b,是回归系数,代表自变量增加或减少一个单位时因变量的平均增加或减少值。

五、计算题(每题 10 分,共 40 分)

1.

公司名称	2001年 计划 产值	2001年 计划 比重(%)	2001年 实际 产值	2001年 实际 比重(%)	计划完成 (%)	2000年实际产值	2001年比 2000年增长 (%)
A	941	49.5	912.8	46.4	97	835.1	9.3
B	589	31	653.8	33.2	111	259.7	151.8
C	370	19.5	402	20.4	108.6	405.2	−0.8
合计	1 900	100	1 968.6	100.0	103.6	1 500.0	31.2

2. (1) 该地区 GNP 在这十年间的总发展速度为

$115\%^2 \times 112\%^3 \times 109\%^5 = 285.88\%$

平均增长速度为

$\sqrt[10]{115\%^2 \times 112\%^3 \times 109\%^5} - 1 = \sqrt[10]{285.88\%} - 1 = 11.08\%$

(2) 2010 年的 GNP 为

$500(1+8\%)^3 = 629.856$(亿元)

3. (1) $b = 0.0955$

$a = -17.91$

$y = -17.91 + 0.0955x$

(2) 在教育经费为 500 万元时,在校学生数为 $y = -17.91 + 0.0955 \times 500 = 29.84$(万人)

4. ①总产值指数

$\dfrac{\sum p_1 q_1}{\sum p_0 q_0} = \dfrac{5\,000 \times 100 + 12\,000 \times 60 + 41\,000 \times 20}{6\,000 \times 110 + 10\,000 \times 50 + 40\,000 \times 20} = 104.08\%$

总成本增加量:

$\sum p_1 q_1 - \sum p_0 q_0 = 2\,040\,000 - 1\,960\,000 = 80\,000$(元)

②产量指数

$\dfrac{\sum p_0 q_1}{\sum p_0 q_0} = \dfrac{5\,000 \times 110 + 12\,000 \times 50 + 41\,000 \times 20}{6\,000 \times 110 + 10\,000 \times 50 + 40\,000 \times 20} = 100.51\%$

因产量变动而使总产值增加额:

$\sum p_0 q_1 - \sum p_0 q_0 = 1\,970\,000 - 1\,960\,000 = 10\,000$(元)

③出厂价格指数

$\dfrac{\sum p_1 q_1}{\sum p_0 q_1} = \dfrac{5\,000 \times 100 + 12\,000 \times 60 + 41\,000 \times 20}{5\,000 \times 110 + 12\,000 \times 50 + 41\,000 \times 20} = 103.55\%$

因出厂价格变动而使总产值增加额

$\sum p_1q_1 - \sum p_0q_1 = 2\,040\,000 - 1\,970\,000 = 70\,000(元)$

④从相对数验证二者关系

$104.08\% = 100.51\% \times 103.55\%$

从绝对数验证二者关系

$80\,000 = 10\,000 + 70\,000$

期末测试模拟试卷(二)

一、单项选择题(每题2分,共20分)

1. C 2. B 3. B 4. C 5. A 6. B 7. A 8. D 9. A 10. A

二、多项选择题(每题3分,共15分)

1. ACE 2. BD 3. ABE 4. DE 5. ABE

三、判断题(每题1分,共10分)

1. × 2. √ 3. √ 4. √ 5. √ 6. × 7. × 8. × 9. × 10. √

四、简答题(每题5分,共15分)

1. 统计包含统计工作、统计资料和统计学三个方面的含义。一是统计工作,即统计实践,是对社会经济现象客观存在的现实数量方面进行搜集、整理和分析预测等活动的总称。二是统计资料(统计信息),是统计工作过程中所取得的各项数字资料以及与之相关的其他实际资料的总称。三是统计学,是系统论述统计理论和方法的科学,是长期统计工作实践的经验总结和理论概括。

2. (1)比例相对指标有反映总体结构的作用,与结构相对指标有密切联系,所不同的是二者对比方法不同,说明问题的点不同,比例相对指标反映的比例关系是一种结构性比例,一般侧重有一个经验数据。(2)强度相对指标也反映一种比例关系,相对比例指标而言,它所反映的是一种依存性比例而非结构性比例,不存在经验数据。

3. 在编制综合指数时,把不能直接相加的量过渡到能够相加的量所引入的媒介因素,就称为同度量因素。其作用为:(1)把不能够相加的量转变为可加的、具有经济意义的量;(2)具有权数的作用,通过其取值的不同就可以衡量因素的不同的相对重要程度。

五、计算题(每题10分,共40分)

1.

	甲 国			乙 国			比较相对指标(甲:乙)	
	2000年	2001年	发展速度(%)	2000年	2001年	发展速度(%)	2000年	2001年
钢产量(万吨)	3 000	3 300	110	5 000	5 250	105	60%	62.85%
年平均人口数(万人)	6 000	6 000	100	7 143	7 192	100.69		
人均钢产量(吨/人)	0.5	0.55	110	0.7	0.73	104.28		

2. 上半年月均劳动生产率＝

$$\frac{(4\,000+4\,040+4\,050+4\,080+4\,070+4\,090)\div 6}{\left(\frac{724}{2}+716+682+694+670+670+\frac{660}{2}\right)\div(7-1)}=\frac{4\,055}{687.33}=5.9(万元／人)$$

3. (1) $\gamma=\dfrac{n\sum xy-\sum x\sum y}{\sqrt{n\sum x^2-\left(\sum x\right)^2}\sqrt{n\sum y^2-\left(\sum y\right)^2}}$

$=\dfrac{6\times 3\,214-48\times 404}{\sqrt{6\times 400-48^2}\sqrt{6\times 27\,226-404^2}}=\dfrac{-108}{\sqrt{96\times 140}}=-0.93$

说明两变量高度线性负相关

(2) $b=\dfrac{n\sum xy-\sum x\sum y}{n\sum x^2-\left(\sum x\right)^2}=\dfrac{-108}{96}=-1.13$

$a=\overline{y}-b\overline{x}=67.33-(-1.13\times 8)=76.37$

$y_c=76.37-1.13x$

(3) b 的经济意义：该企业产量每增加 1 000 件，单位产品成本平均降低 1.13 元。

(4) $y_c=76.33-1.13x=76.33-1.13\times 7=68.42(元)$

4. $n=500, p=\dfrac{175}{500}=0.35$，由于 $z=1.96$，抽样平均误差为 $\mu_p=\sqrt{\dfrac{p(1-p)}{n}}=2.13\%$

抽样极限误差 $\Delta_p=z\mu_p=1.96\times 0.021\,3=0.042$，经计算得概率保证程度为 95% 时，观众喜欢这一专题节目的置信区间为 [30.8%, 39.2%]

参考文献

[1] 朱小会,王红谊.统计原理项目化教程习题集[M].杭州:浙江大学出版社,2013.
[2] 袁卫,庞皓,曾五一,等.统计学[M].北京:高等教育出版社,2009.
[3] 赖文燕,王建阳.统计基础习题及实训[M].南京:南京大学出版社,2015.
[4] 刘柏霞,朱筠.新编统计学原理习题集[M].沈阳:东北大学出版社,2009.
[5] 栗方忠.统计学原理标准化题型习题集(第四版)[M].大连:东北财经大学出版社,2011.
[6] 李心愉,袁诚.应用经济统计学[M].北京:北京大学出版社,2008.